図書館サポートフォーラムシリーズ

女性と図書館

青木玲子
赤瀬美穂 著

ジェンダー視点から見る過去・現在・未来

日外アソシエーツ

本扉写真：「婦人閲覧室」山口県立山口図書館所蔵

装 丁：クリエイティブ・コンセプト

刊行にあたって

本書は、筆者たち（青木、赤瀬）が、日本の明治期からの図書館の婦人閲覧室に関心を持ち調べ始めた当初から、女性と図書館の関わりにジェンダーの視点が必要だと考え、検討していた結果である。

筆者たちは、それぞれ男女共同参画センターや大学に勤務しながら、一九九〇年代の終りから日本図書館協会図書館利用教育委員会の委員として、十五年近く情報リテラシー教育の普及活動を共にしていた。また同時に、女性と図書館職のネットワークにもそれぞれ属し、女性と図書館の関わりについて関心を持ち続けていた。

二〇一五年、女性アーカイブの国際会議が、アムステルダムにある女性図書館 atria で開催された。そのタイトルは、Sharing the Past, Debating the Present, Creating the Future 過去を共有し、現在を話し合い、未来を創造する、であった。会議の議論を、過去・現在・未来へとつなげる忘れられない視点であった。

本書の第一章は、過去、明治期からの婦人閲覧室から始まり、第二章は、女性情報を提供する男女共同参画センター・ライブラリーの現在を伝えている。そして第三章は、未来へつなぐ視点として、女性情報からジェンダー情報に置き換えて、女性と図書館の関わりを伝える。

第一章では、過去に発表した「明治・大正・昭和戦前期の婦人閲覧室」に関する小論[1]を発展させ、当時の新聞や雑誌記事、各図書館の周年史などの資料から、図書館の利用者、特に女性に焦点を当て、どんな女性たちが何を読んでいたのか、そのとき図書館は女性たちにどのようなサービスや資料提供を行ったのかを、ジェンダーの視点から考察している。

戦後、婦人閲覧室はほぼ廃止され、女性の利用制限はなくなり、女性と図書館の関わりがより顕著となる時代を迎えたが、婦人閲覧室が提示した問題意識は現在に続いている。また、大正期に初めて図書館職場に進出した女性図書館員が抱える問題も、そのときすでに萌芽していた。しかし、今回、女性と図書館のそれらとの関わりを示す統計資料などを把握することはできなかった。

第一章の引用に際しては、論文などであれば、わずか一、二行の注記をすることで事足りてしまう内容を、当時の状況が目に浮かぶように心がけて、該当する記事から拾い上げ、詳細に引用した。そうすることで、近代日本の図書館文化史や読書史からこぼれ落ちた、いわば見えない存在である女性たちが、図書館や読書と関わる姿を描き出そうとした。

第二章では、戦後の歴史と重なる筆者（青木）の利用体験から書き始めた。一地方都市の筆者の体験は、ごく一般的な図書館体験に過ぎないと思うが、その後の子ども文庫活動や男女共同参画センターでの勤務経験は、特に公共図書館の女性への資料・情報サービスを再考させるものであった。

一九六〇年代からアメリカで始まったウーマンリブの運動、一九七〇年代からの国際的な女性の地位向上の運動や、女性政策が進む社会的な背景のもとで、国の女性政策に基づいた男女共同参画センター・ライブラリーは、日本の公共図書館では不十分だった女性の地位向上のための資料提供をすることになった。

また、第二章では、国立女性教育会館（ＮＷＥＣ）をはじめとする男女共同参画センター・ライブラリーの全国的な成立の歴史と理念、女性情報コレクション構築についての原点を再確認し、全国に現在三五六施設ある男女共同参画センターのライブラリーの現状と課題、全国十二のライブラリーの活動を紹介する。また、女性図書館員ネットワークの実践活動の成果と、青木、市村、黒澤らが共に立ち上げた「図書館員のキャリア研究フォーラム」の活動を紹介する。

第三章では、第一章の「婦人閲覧室」をジェンダーの視点からキーワードとして、第二章の現状の課題から未来への提案につなげる。

女性と図書館に関わる状況に、少しでも関心を持って読んでいただけることを願っている。

目次

第一章

図書館史から見える女性と図書館

はじめに

宗教学者の中沢新一が、『僕の叔父さん　網野善彦』（集英社）のなかで、子供の頃、中世史の研究者である網野から歴史学の最初のレッスンを受けた際のエピソードを書いている。

叔父の網野が中沢に絵巻物の見方として、その絵の周辺や細部をのぞき込むようにうながし、「大事なのは、こういう隅っこに描かれている人々の姿なんだ。よく見てごらん。みんな一人一人違う顔をしているだろう」といって、そのわけを丁寧に教えている。

資料として見るとき、ここでは絵巻物のことだが、集合写真などでも同様で、前列に座っている偉い人たちではなく、端っこや後ろの方に立っている人にこそ目を注ぐことが、歴史を学ぶ上では大事だということだと、筆者なりに理解した。

婦人閲覧室があった明治から昭和戦前期までの女性の図書館利用について、提供されたサービスや、どのように利用していたのかを知りたいと思い、これまで個別の公共図書館が周年の区切りに発行する五十年史、百年史などを見てきた。明治から大正期頃に設置された図書館が、二〇〇〇年前後に百周年を迎え、記念誌を発行することが多かったようである。

また、実際に現地に行って図書館を訪問すると、周年史以外の貴重な資料に思いがけなく出会うこともあった。

調べ始めると、より詳しく書かれている過去の三十年史や十年史に遡ってみることも多かった。ただし、関東大震災や戦時の空襲などで、蔵書だけでなくその図書館に関する記録史料も焼失した場合もあり、記述しようにもできなかった図書館もあった。

周年史などを読んでわかったことは、一つは編集方針や紙数の制約もあろうが、実際のできごとや業務の細部は省かれ、重要なことがらもわずか数行で記述されていたことである。また、人物に関する記述が少なかった。

いつ頃、どんな業務やサービスがあったかは記録されていても、誰が、どんな見識と熱意を持ってその業務を始め、どのように行ったのかの詳細は不明なことが多いので、長い時間がたてば、もはやその図書館でも実情はわからなくなるだろうと推測された。

もう一つは、図書館史における女性に関する記述の少なさである。

よく「おんな子ども」と一括りにされることがあるが、明治期に公共図書館が設立され始めた頃から、児童サービスや児童閲覧室の設置については、多くの図書館が簡単ながら記述していた。また、男性用の普通閲覧室や児童閲覧室を利用している写真も残っている。

しかしながら、女性へのサービスや女性が読む本、女性利用者や女性図書館員に関する記述は、時代的な制約もあり、愕然とするほど少なかった。

明治から昭和戦前期までの図書館は、男性の職場であり、利用者として想定されていたのもおもに男性だったので、年史に出てくる記述も、閲覧室の利用者の写真も、図書館長や職員の名前や写真も男性がほとんどで、女性の名前や写真が出てくることは稀だった。

これまで多くの図書館史に婦人閲覧室があったことは明記され、長期間存続されたことも確認しているが、女性たちがどのように利用し、何を読んだのかの詳細は不明である。

この章では、いわば見えない存在、埋もれた存在である図書館における女性の姿を、周年史や当時の新聞、雑誌記事などから探し出し、ジェンダーの視点から図書館との関わりを考えてみた。

なお、記事を引用する際は、時代を重視して、できるだけ年代順に記載している。

第一章の表記について

①引用した記事などの旧漢字は現行の字体に、歴史的仮名遣いも現行の文字に改めた。
②引用した記事などは、読みやすくするために、濁点や句読点を適宜補った。
③年表示については、時代背景をわかりやすくするために、西暦と元号を併記した。
④引用文中の〔　〕内の記述は、筆者が補記した。
⑤引用した記事などの漢字のルビは省いている。

1 図書館を利用する女性たち

（1）婦人閲覧室の存在と位置づけ

1 婦人閲覧室と普通閲覧室

明治・大正・昭和戦前期までのある程度の規模の図書館には、資料を閲覧するための部屋として、普通閲覧室、特別閲覧室、婦人閲覧室、児童室、新聞雑誌閲覧室などがあった。普通閲覧室は、男子閲覧室や一般閲覧室、大閲覧室などとも呼ばれ、男性が利用する閲覧室である。対して、女性が閲覧に利用する部屋は婦人閲覧室である。婦人室、女子閲覧室などと呼ばれることもある。

ここで、普通閲覧室や一般閲覧室の「普通」や「一般」という言葉の意味を調べてみると、二つは共通しているところがある。どちらの意味も、当たり前で広く一般に通じることであり、世間一般の大多数の人々に共通のものなどである。

ただし、すべての成人に選挙権・被選挙権を与えるという普通選挙の例を見ても、当時の「普通」には、実際には財産や性別などで制限があったのは歴史的事実である。普通選挙と同様に、普通閲覧室や一般閲覧室の利用者として、女性は含まれていなかった。

実際に、図書を閲覧する際の心得として、いくつかの県立図書館や市立図書館の閲覧規則に規定している[1]。

たとえば、図書の持ち出しを戒める管理上の目的も含めて、「閲覧人ハ所定ノ閲覧室以外ニ於テ閲覧スルコトヲ得ズ」（山梨県立・県立長野図書館）とあり、ほぼ似たような文言の規定が、石川県立、富山県立、岐阜県立、徳島県立、前橋市立などの各図書館にある。

また、「閲覧人ハ凡ソ館員ノ指示ニ従ヒ規定ノ閲覧室以外ニ於テ閲覧スルコトヲ得ズ」（和歌山県立図書館）のように、館員の指示に従うことを強調している例もある。

さらに、「閲覧室ヲ左ノ通定ム　1．男子　男子閲覧室　1．婦人　婦人閲覧室　1．年令12才未満ノ者　児童閲覧室」（三重県立図書館）、「男子ノ普通閲覧人ハ普通閲覧室　特別閲覧人ハ特別閲覧室　女子ノ普通特別閲覧人ハ婦人閲覧室」（市立名古屋図書館）、「男子ノ閲覧人ハ普通閲覧室女子ノ閲覧人ハ婦人閲覧室」（彦根市立図書館）のように、利用対象別に閲覧室の名称を明確に挙げて指定している例もある。

県立佐賀図書館の規則では、「一般閲覧者心得」で一般的な利用心得を述べ、次に、「婦人及児童閲覧者心得」の章を設けて、「婦人ハ婦人室ニ於テ閲覧スベシ」と規定している。

これらは、利用者が決められた閲覧室で閲覧することを、厳しく求めていると考えられる。

館内閲覧の心得を定めて、普通閲覧室と婦人閲覧室を男女で区別している状況は、閲覧室の面積や座席数の比率などを考えれば、女性の利用をはなはだしく制限している。

このように性別の区分を明らかにした閲覧室の名称や閲覧規則からも、当時の女性の図書館利用についての実態が明らかになっている。

２ 婦人閲覧室の現実―その狭さ

文部省図書館講習所を卒業したばかりの一九三四（昭和九）年頃の鳥居美和子は、帝国図書館や市立図書館をよく利用していたが、「どの図書館へ行ってみても男子と同数の座席を持っている婦人の閲覧室は無いようである。事実婦人の閲覧人が少ないのであるから、止むを得ないことではあるが、目録室と衝立一つで仕切られていたり、隅の方に狭い室が与えられているのを見るのは心細い限りである」と感想を述べている。

その上で、「大体普通の閲覧室の外に、婦人閲覧室と云うものを特別に設けると云うことは、変態的の現象ではないかと云うことも考えられる」、「日本の古い習慣が『男女七歳にして』の思想が特に婦人閲覧室なるものを設けさせるのであるが、やがては図書館が男女の別の無い閲覧室を有する時代が来るであろうと私は思っている」と、憤慨しつつも希望を抱いている。[2]

婦人閲覧室を訪れた多くの人が抱いた印象は、狭い＝座席数の少なさである。婦人閲覧室の面積は、男性が使用している普通閲覧室の十％から二十％台がほとんどである。たとえば、東京市立日比谷図書館は、普通閲覧室二四十席に対して、婦人閲覧室は三十五席で十五％にも満たない。また、京都府立図書館は、男性用の大閲覧室が二五十席に対して、婦人閲覧室は二十席で八％程度である。

婦人閲覧室が狭いという実情は、樋口一葉が一八九一（明治二十四）年の日記に、上野の東京図書館に行き、「図書館は例のいと狭き所へおし入らるるなれば」[3]と書いたのをはじめとして、次のような記事に見ることができる。

一九一二（明治四十五）年の新聞記事では、東京市立神田簡易図書館の婦人閲覧室の狭隘さについて、「恨むらくは婦人閲覧室の、已むを得ざる事情ありとは申しながら、座敷牢に似たることを。早く増築あらまほし、早く増築あらまほし」[4]としきりに念じている。図書館巡りで訪れた男性の目にも座敷牢のように見えた悲惨さである。

一九一二（大正元）年の帝国図書館では、「近時殊に注意すべきは、婦人閲覧者の増加したる事なるが、婦人閲覧室は極めて狭隘なるを以て、彼れ等を十分満足せしむる能わざるは同館にても気の毒に思い居るほどなり」[5]と述べている。そうは思っても、拡張はなかなかできないのが実情であった。

その後、一九一六（大正五）年に至っても、帝国図書館では、「設備が充分でない為に此頃も何時も満員になって待ち札を差上げる様な次第でお気の毒です」[6]と図書係が語っている。

座席数が極端に少ないところへ、熱心な閲覧者たちが長時間席を占めれば、一日の利用者数が少ないのも仕方がないように思える。

一九一六（大正五）年に建築された市立堺図書館では、児童用に専用の机（十五席）が用意されたのに比べ、女性は子どもより冷遇されていた。一般の閲覧室が二階に三十六席あるその一隅に「婦人室」という、机一つに椅子四席の狭くて隔離された部屋を設けたという。開館前に施設の様子を視察した市議会議長は、「女子室ノセマキコトナド」を指摘したとある。[7]

一九一七（大正六）年頃に、徳島県立光慶図書館をよく利用した渡邊ハナ子は、インタビューに、「図書館を利用する女の人があまりいませんでした。大正の初めのころですから。でも、婦人室っていうのを作ってくれただけ、まだいいんです」、「女性ばかりです。狭いところです」と、答えている。[8]

一九三〇（昭和五）年に日比谷図書館を訪れた新聞記者は、「どこの図書館に行っても婦人閲覧室はとかく虐待され勝ちで広くもない部屋を与えられていますが、それは男子にくらべて閲覧者が少いからとあきらめねばなりますまい。それだけにここに通うほどの女性は智的に目覚めて選ばれた新女性です、その新女性たちが近年いちじるしくふえて来たので婦人閲覧室はどこも狭隘を告げて来ました[9]」と、智的に目覚めた新女性たちが利用する婦人閲覧室が、どこの図書館でも同じように、虐待されるほどの狭さだと記している。

しかし、現状に甘んじて諦めているばかりではない、声をあげて動いた女性たちもいた。

大阪府立図書館の一九二二（大正十一）年の増築時の平面図では、普通閲覧室や部門別閲覧室は三階をほぼ占めている。一方、婦人閲覧室は創設時十六席、増築時に三十席となった。

一九三〇（昭和五）年には、女性の利用者が、婦人閲覧室の拡張を図書館長に願い出る上申書を出している。当時の大阪府立図書館は、一日の女性の閲覧人数よりも婦人閲覧室の定員数が少なく、「早イ時ハ数十分、場合ニ依ッテハ二三時間モ立往生」も日常的だったためである。「今ヤ婦人公民権サヘ附与サレントスル折柄旧来ノ侭ノコノ施設ハ時代ノ進展ニ適応セザル時代錯誤的婦人圧迫カト愚考致シ候[10]」と、五人の女性が連名で書いた要望書にある、「時代錯誤的婦人圧迫」という文言は、婦人閲覧室の拡張というより、むしろ廃止を望んでいたようでもある。従来のままの与えられた環境に満足するのではない、新しい女性の姿がうかがわれる。

ただ、その後も同館で婦人閲覧室の拡張は、懸案事項として残されたままであった。

一九三八（昭和十三）年に、日比谷図書館を利用した婦人運動家の金子しげりは、「婦人閲覧室は私が女学生時代の廿五、六年前と少しも変りませんでした、暗いじめじめした薄汚ない部屋で、黙々と勉強していられる女性達の真剣さには心を打たれましたが、何故この部屋を改築しないかと不思議に思いました」[11]と述べ、大正期の初めから二十五、六年たっても全く改善されないまま、いま図書館自体を閉鎖しようとしていることを訝しみ、憤っている。

狭くて汚くて座席が足りないのは事実であったが、当時すぐに改善されることはなかった。全国的にも男性の利用者数から比べれば、女性の利用はまだ少なく、当時の多くの図書館が同様の状態だったと思われる。

一方、婦人閲覧室の拡張に積極的に対応しようとした図書館もあった。

東京市立深川図書館では、一九一〇（明治四十三）年以降、毎年増築があり、休憩室が婦人閲覧室に変更されている。「婦人閲覧室の設置は当時の大正デモクラシーの先取りと考えても良い」[12]と、婦人閲覧室の設置理由を挙げた記述もあった。

しかし、大正デモクラシーによって女性の社会参加の意欲が高まり、知力を高めるために図書館を活用してもらおうと婦人閲覧室を設置したのは、女性を尊重したという意味かもしれないが、それが大正デモクラシーの先取りというのは、少し腑に落ちないところがある。

一九三一（昭和六）年、徳島県立光慶図書館では、普通閲覧室を東西に間仕切りで区分して、男子席、女子席としている。[13]婦人閲覧室の収容人数も十六人から三十二人に倍増しているが、一二八人収容の普通閲覧室との格差は変わらないままであった。

昭和戦前期になると女性の利用者はさらに増え、増改築された例はあるものの、婦人閲覧室の広さはまだ十分とは言えなかった。

3 婦人閲覧室の位置づけ

婦人閲覧室を有した図書館が全国的に設置されるのは、一八九九（明治三十二）年の「図書館令」以後である。一九〇〇（明治三十三）年発行の文部省『図書館管理法』では、「第四 図書館建築」で図面を示しながら、「婦人室（必要アレバ別置ス）」と記載している。

一九一〇（明治四十三）年二月に、「図書館設立ニ関スル注意事項」（いわゆる「小松原訓令」）が、図書館を設立する際の標準を示すものとして、各地方長官宛に発令された。ここには、「図書館ノ設備ハ概ネ左ノ各号ニ依ルベシ」として、「図書館ハ閲覧室、書庫及事務室ヲ区分スルヲ可トス、其ノ他地方ノ必要ト経費ノ多少トニ応ジ成ルベク児童室、婦人室、休憩室、製本室、使丁室等ヲ設クルヲ便トス」[14]と書かれている。

一九一五（大正四）年には、『図書館小識』が日本図書館協会から発行された。「第六章 図書館の建築」には、建物を二層にし、下層に「児童室、婦人室等を取り」、上層に普通閲覧室を取るべし、とある。また、ある程度の規模の図書館に必要な施設として、図面にも婦人閲覧室を記載している。

さらに、閲覧室を五種類示し、婦人閲覧室の説明は、「欧米にては此室を特設する必要無しとし、男子閲覧室を供用せしむることあれど、彼我国情を異にするを以て、我国にては事情の容す限り之を特設し、若し特設し能わざる時は、屏障等を以て男子部と区別するを可とす。又貸付口、便所、専用手洗場等も出来得可くば之を別々にする方佳なり」[15]としている。

婦人閲覧室について記している先駆的な図書館人の意見も参考になったのではないか。

山口県立山口図書館長の佐野友三郎や、横浜市図書館長の伊東平蔵は、府県立図書館や少し規模の大きい図書館に当然必要な施設として、婦人閲覧室を挙げている[16][17]。またのちに帝国図書館長になった田中稲城や佐野友三郎などは、早くから海外の図書館の見聞を伝えていたのではないかとも考えられる。

一九一二（明治四十五）年に、和田万吉は米国の図書館の各部屋の配置などについて報告している。その中で婦人閲覧室について、「是は一般図書に就いて特に男子と異なる室を有するには非ず。婦人の技芸家政書などを参考的自由に見させる為に設けたるもの。日本の如き男女不同席主義は西洋には無し[18]」と、日本とは異なった設置の目的を紹介している。

4 空間的な隔離と情報からの隔離

一九一八（大正七）年に、秋田県立図書館が新館を建設したときも、「当時の社会的風潮を考慮して、婦人が専用に利用できる閲覧室を設けた[19]」と記載している。

「彼我国情を異にする」とか、「当時の社会的風潮を考慮して」とは、どういうことなのだろうか。

「男女七歳にして席を同じうせず」とよく言われるが、「教育令」（明治十二年九月二十九日太政官布告第四十号）でも、「第四十二条　凡学校ニ於テハ男女教場ヲ同クスルコトヲ得ズ但小学校ニ於テハ男女教場ヲ同クスルモ妨ゲナシ」と定められている。

また、第三条では小学校で学ぶ教科を示しているが、その最後には「殊ニ女子ノ為ニハ裁縫等ノ科ヲ設クベシ」という、性別で異なる教科内容の文言を加えている。

小学校を除いて、それ以上の年齢の男女は分けて教育すべきことと、とくに女子には裁縫等の科目を教えることが示されている。女性は家政を行うために必要な教育だけで十分ということだろう。教育制度にすでに男女の格差があり、学ぶ科目の格差は、たとえば一九九〇年代初めの家庭科の男女共修まで長らく続いた。

当時の社会体制からみると、男性は外に向けて立身出世、女性は内向きに良妻賢母という、それぞれに期待されるものが異なっていた。教育制度からくる格差は、そのまま男性の中学が女性の高等女学校の学力に匹敵するほどに学力の差も大きくなり、その結果、女性は男性と同等に扱われず従属的な立場に置かれ、あまつさえ劣るものとみなされることも多かった。

婦人閲覧室があった時代は、人びとが言わずともわかる社会における暗黙の了解と固定観念をもとに、いかに男女を区別するかということを重要視し、配慮し続けていたかということだろう。また、女性への配慮というよりも、男性と同席させないことが目的だったとも考えられる。つまり、「男子の学問修行の場に女がいては、心を乱して風紀上よくない[20]」という、まさに男性本位の立場から設けられたということもあるだろう。

婦人閲覧室は、女性に配慮して、わざわざ設けられた空間のようでいて、結果的に肝心の図書館の目的である情報提供から遠ざけられ、女性の図書館利用を阻害することになったのではないだろうか。

一方、婦人閲覧室を設置していない小規模の図書館があったことも予想される。

小黒浩司は、「女性のための閲覧室がない図書館では、女性の利用に著しい制限があったであろう。女性の利用を想定していないということは、女性が興味・関心を持つような資料を収集し、提供することも十分に顧慮されていないということでもある[21]」と指摘している。

また、宮崎真紀子は、婦人室の役割について草創期の公共図書館においては、「風紀上の理由、また、女性が気兼ねなく読書をするために、婦人室はあるべきもの」で、「当時の女性たちに、くつろぎの場を提供」し、「自学自習の場を提供」したことも確かであると結論づけている。[22]

5 写真に見る室内の様子

明治から大正期でも、図書館の全景や普通閲覧室、児童閲覧室の写真は多く残っていたが、婦人閲覧室の写真は少ない。ここでは、図書館に残っていた写真や絵葉書、新聞記事などから、服装などで女性利用者の属性や年代層がうかがえるものや、閲覧室に置かれた書架や調度などの様子がわかるものを選んだ。ただし、大部分の婦人閲覧室は狭い閲覧室か、あるいは衝立などで区切られた場所に、閲覧机と椅子が設けられていた。

山口県立山口図書館

一九一二（明治四十五）年頃の婦人閲覧室。若い女性が熱心に読書している。壁には絵画が飾られ、植木もあり、読書に適した環境が調えられている。婦人閲覧室に附属して婦人化粧室や修容室を設けていた。婦人閲覧室の椅子は布張り、化粧室は畳敷きだったという。[23]

窓のそばの壁際の書架二連に、図書が配架されている。一九〇七（明治四十）年に、佐野友三郎館長により設置された、

山口県立山口図書館所蔵

山口県立山口図書館所蔵

公立図書館として日本初の公開書架である。普通閲覧室と同様に、婦人閲覧室でも自由に手に取って図書を選ぶことができるようになり、「婦人に適切の読み物が一通りそこに備えて」[24]あった。

同様に、上の写真の普通閲覧室には、両面に八個のガラス戸付き書架を設置して、一般によく読まれる図書や辞書などの参考図書約三千冊を選択して公開していた。将来の増加に備えて書架にゆとりを残し、新着図書からも選んで追加するようにしていた。

佐賀図書館

一九一三（大正二）年頃の婦人席。木の衝立のようなもので区切って婦人席を作っている様子がわかる珍しい写真。

佐賀県立図書館データベースより

東京市立日比谷図書館

一九一四（大正三）年の新聞記事の婦人室。西北の二方に窓があるが、五月でも薄暗い。

記事によれば、三列に並べた机を挟んで三十脚ほどの椅子がある。中央の机上に置かれた月刊雑誌と部屋の二隅にある書架の図書約五百冊は自由に閲覧できる。二名の女学生が熱心に読書しているが、平日は二十名を超えることはなく、この日は空席が多い。

＊「閑散な婦人室　日曜の日比谷図書館」『読売新聞』一九一四（大正三）年五月十八日より。

閑散《かんさん》な婦人室《ふじんしつ》

▽日曜の日比谷圖書館

初夏の圖書館に婦人室の景況を見るべく先づ日比谷圖書館を訪ふ。入口の石階を昇つて下足札を受取り、其儘左に三四間廊下傳ひに行けば、左側婦人室の入口に圖書目錄が備付けてある。

△婦人食堂を傍に見ながら直ぐに婦人室のドアーが開く。此室は西北の二方に窓をとつてあるが、空の光は立ち蔽ふ青葉若葉に遮られて薄暗く、五月雨降る此日は瓦斯さへ點ぜられてあつた。三列に並べた机を狹んで三十脚程の椅子が据ゑられてある。中央の机上の月刊雜誌及び室の二隅にある藤田寬太郎氏寄贈の圖書約五百冊は何れも自由閲覽されるやうになつてゐる。二名程の女學生が熱心に閲覽してゐる。係員は矢張り

△若い婦人が多い樣です。そしてお讀みになります物も新しい書、特にベルグソンやオイケンの哲學書などが却々讀まれます。次は矢張新しい小說ですネ。專門的の方面はあまり讀まれず、醫學生の方位なものです、平日は二十名を越える事はございません。今の所婦人閲覽室に付て別段の計畫はありません云々と語つてゐた。

日比谷圖書館の婦人室

1914年5月18日読売新聞　朝刊　3面

岩手県立図書館

一九二二（大正十一）年頃の婦人閲覧室。壁際の雑誌架には、婦人雑誌と思われる女性の顔が表紙の雑誌が、二十種ほど配架されている貴重な例である。この写真から雑誌名は読み取れないが、当時の新聞記事からおおよその雑誌名が判明した。（75、76ページを参照）

帝国図書館

一九二九（昭和四）年から一九四五（昭和二十）年頃の婦人閲覧室。腕時計を身につけた和装の若い女性が、時間と闘うかのように熱心に本を読み、ノートを取っている。若い女性の姿の背後には、洋装や和装の女性がうつむいて一心に読書している姿も見える。

出典：国立国会図書館国際子ども図書館「帝国図書館の歴史」（https://www.kodomo.go.jp/about/building/history/pdf/history_imperial.pdf）

岩手県立図書館所蔵

東京市立深川図書館

昭和初期の婦人室。天井の高いかなり広い部屋に、大勢の利用者がいるが、女学生らしき姿はほとんど見えない。着物姿の髪を結った女性が多く、二人の女性は膝に小さな子どもを抱いている。壁際には、ネクタイをしめた男性が二人立っている、図書館員か閲覧室の巡視員か。一人の男性は子供を抱いている。

石川県立図書館

大正時代から一九三〇（昭和五）年頃の婦人閲覧室。天井が高く窓が高く大きく開かれている。壁には時計、絵画のようなものが飾られている。

一九一二（大正元）年以来、自由公開棚二個を備え付けて、婦人向け読物や辞書、雑誌などの自由閲覧ができるようにしている。[25]

江東区立深川図書館所蔵

『石川県立図書館要覧』（昭和五年度末現在）より

一九三二（昭和七）年には、「婦人閲覧者が婦人室だけでなく各閲覧室も利用できることとなる」[26]。

大橋図書館

一九三五（昭和十）年頃の婦人閲覧室。着物姿にお下げの若い女性や、髪を結いあげたもう少し年配の女性、帽子をかむった洋装の女性も見える。天井も窓も高く明るい部屋。

一九四〇（昭和十五）年には、一階にある従来の婦人閲覧室に加えて、特別婦人閲覧室（定員十六人）を三階に新設している[27]。

三康図書館所蔵

東京市立京橋図書館

一九三三（昭和八）年頃の婦人室。大きな窓がある広い部屋。二十名近いセーラー服の女子学生らで満席となっている。一九三〇（昭和五）年頃の男子閲覧室は、さらに広く天井の高い部屋で、坊主頭に詰襟姿の学生と社会人が同席し、熱心に読書をしている。

写真提供：中央区立京橋図書館

6 婦人閲覧室を利用した作家たち

婦人閲覧室を利用した一般利用者の感想などは少なかったが、女性作家たちの書いた文章は、明治、大正、昭和の各時代の婦人閲覧室のありようを後世に伝えている。

一八九一（明治二十四）年頃の樋口一葉が、古典籍を読むために帝国図書館の前身である上野の東京図書館に通ったことはよく知られているが、一葉以外にも婦人閲覧室を利用した作家たちがいた。

吉屋信子は、一九三六（昭和十一）年に発表した『図書館のこと』のなかで、一九二三（大正十二）年の関東大震災より前に、日比谷、大橋、上野の東京図書館を訪れた際の感想を記している。日比谷、大橋図書館については、「狭い」けれども好印象を持っているが、東京図書館は、「婦人の室は古くてがたがたして居て、がらんとだだっ広くて落付きがなく、卓子なんかお化屋敷から持って来たようなものであり…何んだかとてもすべての感触がラフで陰惨」だったと書いている。[28] 一葉や吉屋信子も、婦人閲覧室の居心地はあまりよくなかったようである。

一方、網野菊は一九一六（大正五）年頃の大橋図書館について、「婦人室が特に設けられて居るので，私には気やすかった」[29] と書いている。網野菊と同じように、婦人閲覧室があるから、安心して図書館を利用した女性たちも大勢いたことだろう。

宮本百合子も『蠢魚』（一九二四年）のなかで、上野の図書館の印象を、「親しみ難かった」と書いた。[30] しかし、『図書館』（一九四七年）では、戦前の上野の図書館の婦人閲覧室でたびたび出会い、互いに励まし合い、助けあった仲間ができて、それがきっかけで女性たちのグループができたことを書いている。そのグループは、宮本百合子の小説『伸子』にちなんで、「伸びる会」と名付けられたという。[31] 婦人閲覧室が女性たちの交流の場になっていた。

「男子、女子の区別は、従来の日本の半官的な場所では愚劣なほど神経質であった」が、戦後しばらくぶりで婦人閲覧室がなくなった図書館に来て、「もうこれからは、どこの図書館も、婦人閲覧室というものは無くなってゆくだろう。云ってみれば、社会の前面から、そういう差別を無くしたい気持ちに燃えている女の人たちの集りが、最後の婦人閲覧室から生れたことは面白く思われる」[32]と結んでいる。

とくに、婦人閲覧室が廃止され、男女の利用差別がなくなったあとの図書館における宮本百合子の体験は、貴重な記録となっている。

7 婦人閲覧室の長期間の存続

婦人閲覧室は、なぜ長きにわたって存続されたのだろうか。それまで図書館ではなんらかの検討がされなかったのだろうか。

大阪府立図書館では、一九一〇（明治四十三）年に、商議員の幸田成友が「婦人閲覧室を特置せらるるもいかが、普通閲覧室又は特別閲覧室の一隅にて事たり不申候や。室の一隅を特に婦人の為に割く事不便なれば、或は特別閲覧室に雑居も可なるやに存候」[33]と、設置の可否というよりも、むしろ室の区分を増やすことに疑問を呈している。

一九一四（大正三）年に、ロンドン市中の図書館を見学した橘井清五郎は、英国図書館界で婦人閲覧室が必要かどうかの論議があることを『図書館雑誌』に書いている。

そして、婦人閲覧室不要説が趨勢となっているとして、図書館長や図書館員から聞いた話として、図書館員と女性閲覧者、それぞれの立場からの不要の理由を述べている。

図書館員が挙げた理由は、館員の増員や清掃人のための人件費、電燈設備、暖房通風などの費用がかさむこと、普通室と婦人室に新聞雑誌類を重複購入しなければならないことなど。なにより、「現今の婦人は自分の為め婦人室を特設されたるを名誉と思わない、寧ろ男子と同様の室で読書するを欲して居るから婦人の希望に従うが策を得ても居る」などである。

女性閲覧者側の不要の理由として、「婦人室を設けてあった所で其室のみ備付てある書籍のみでは満足せぬ」、「近年婦人の社会上の地位が頗る進み教育は十分に行渡って来たから（略）婦人も必ず男子と同じ資格があるものと取扱わねばならぬ、寧ろ婦人は其取扱を請求する権利を有するのである」と述べている。そして、「一二年の内には婦人席も婦人室も此国の図書館には見られなくなるのであろう[34]」と結んでいる。

一九二五（大正十四）年には、財団法人名古屋公衆図書館で、初めて男女閲覧室の垣根を撤廃して、男女同席の図書館という新しい試みをしている。「もし此試みがうまくゆけば、文部省としては全国的に之を実施する方針である」として、「外国などはみんな男女同席でそれは少しも弊害などはないそうである。殊に近来は婦人の読書趣味が普及して図書館に入る女もめっきりふえて来たが、女の閲覧室は男のと比べると設備も悪く室も狭いので、充分入場者を入れる事が出来ない状態にある。だから男女同席すべからずなどと野暮はいわず、みんな一緒にした方がいいと思う[35]」と記している。

しかし、その後も男女別の閲覧室は長らく存在したところをみると、この新しい試みは世の中に受け入れられなかったということだろうか。

8「婦人閲覧室を特設するの可否」について

昭和の初めに、婦人閲覧室を特設することの可否について、『図書館雑誌』で誌上討論が行われている。そこでは、婦人閲覧室について「我国丈け特殊的に認められて居る」研究課題という取り上げ方をしている[36]。

婦人閲覧室の特設を必要としたのは二名、必要なしとしたのは三名である。

必要とした意見は、「我国にありては男尊女卑の風を未だに脱するの域に達して居らぬ。若し男女閲覧室を別たざればそこに軽侮蔑視の空気が男より女に向って流れ而して女子はこの流に抗するの力が未だあまりに薄弱である」として、「婦人閲覧室を廃することは図書館の利用を減退せしむるもので、婦人の読書を勧奨する道でない」と、その理由を述べている。

これに対して、必要なしとした意見では、「男女の差別を付くるは何の必要あるか、時代は既に女大学時代にあらず、又男女七歳にして居を異にしなどという、道義的伝統に制せらるる要何処にあるか」、「図書館に於て単に室を区別して男女両性の接触を避け、風紀壊敗を防止し得たりと考うる等は余り浅薄なる論旨」、「教育は男女共学を可とし殊に図書館設備の如きに至りては然りとす」と、「時代遅れの旧思想」と反論している。

この誌上討論には、ふたりの女性図書館員が参加している。文部省図書館講習所を卒業し、女性初の帝国図書館職員となった中木美智枝と中木に続いた河野不二である。

河野は「特設を要す」の一言のみだが、中木は、必要なしという理由を詳しく述べている。「女子も昔ながらの女でなく、男の方と歩調を揃え、肩を並べて行かなければならない時機に到達しています。」と述べ、「文明の魁を誇り、開放大学の実を挙げねばならない図書館に於きまして、何を苦んで旧套を追わなければならないでしょうか」、「兎に角弊害をおそれたり、落付かない気分を考えたりされる方もありましょうが、これらの事はすべて時代が解決致すことと存じます」と論じている。当時は東京市立京橋図書館に勤務していた秋岡梧郎も、「必要なし」と一言で答えている。

昭和の初めに、婦人閲覧室の設置を「必要なし」とした上記ふたりの論旨は、非常に明快である。時代に先駆けてというよりは、むしろ遅きに失していたのだが、婦人閲覧室がほとんどの図書館で廃止されるのは、戦後の新憲法のもとで男女平等が謳われてからのことである。

それぞれの図書館員に因習的な男女の格差や、風紀的な問題に非常に根深いこだわりがあったのか、婦人閲覧室の設置の可否は、その後の図書館ではあまり深く検討された様子もないままに、やむなく時代が解決したのである。

ただし、戦後も男女別の閲覧室が残っていた図書館もあった。[37]

かつて神戸市立図書館に勤務していた伊藤昭治は、一九六八（昭和四十三）年に建設した新館に婦人閲覧室があったと述べ、「座席を男女で区切るようなことは、戦後の各地の図書館にあったことを知っています」と証言している。また、婦人閲覧室を設置した目的についても、利用者を図書館に呼び寄せるためというようなきれいごとではなく、「もっと別の見方、たとえば風紀的な事柄でなかったかと、私は当時をふり返って感じております」と断言している。風紀的なことがらへの対応に苦慮した現場の図書館員の判断も大きかったということだろう。

千代田区立千代田図書館は、一九五五（昭和三十）年の開設以来、戦前の男女別の閲覧室のスタイルを踏襲して、都内の公立図書館で唯一男女別の学生閲覧室を設置していた。一九八五年には、利用者に男女区別の見直しを提案したが、現状肯定の意見が多く存続が決まっている。

（2）婦人閲覧室についての実態調査

1 婦人閲覧室があった図書館

婦人閲覧室があった図書館を周年史などで調査し、設置年と廃止年、閲覧室の名称、男女閲覧室の席数または面積比率、平面図や写真の有無などを、【表1】の一覧に記している。

【表1】婦人閲覧室があった図書館一覧

館種	図書館名	婦人閲覧室の設置・廃止年	名称	男女閲覧室の席数／面積比率（%）	平面図	写真
公立	北海道庁立	1926－？	婦人室		無	無
公立	市立小樽	1923－1981	婦人閲覧室	96：24席（25）	有	無
公立	函館（私立）	1909－？	女子閲覧室	70：15席（21）	有	無
公立	青森県立（私立）	1902－？ 1928－？	婦人室 婦人閲覧室	 100：12席（12）	無 無	無 無
公立	弘前市立	1906－？	婦人閲覧室	（約40）	有	有
公立	岩手県立	1922－1946？	婦人閲覧室	35：12坪（約34）	有	有
公立	宮城県立	1912－1945	婦人閲覧室	128：36席（約28）	有	無
公立	秋田県立秋田	1899－？ 1919－1961？	女子閲覧室 婦人閲覧室	（約55） （約40）	有 有	無 無
公立	山形県立	1912－？	婦人閲覧室		無	無
公立	福島県立	1929－？	婦人閲覧室		無	無
公立	茨城県立	1904－1945	女子閲覧室	40:16席（40）	有	無
公立	桐生市立	1935－？	女子閲覧室	（約28）	有	無
公立	高崎市立（私立）	1910－1944	婦人閲覧室	48：18席（37.5）	有	無
公立	前橋市立	1919－1945	婦人室	28：10.5坪（37.5）	有	無
公立	埼玉県立埼玉	1925－1945	婦人閲覧室	80：30席（37.5）	有	無
公立	千葉県立	1924－？	婦人席		無	無
国立	東京図書館 帝国図書館	1885－1906？ 1906－1930？	婦人閲覧席 婦人閲覧室	300：20坪（約7）	有 有	無 有
公立	東京市立京橋	1922－1923 1929－？	婦人閲覧室 婦人閲覧室	84席：6席（約7） 71：20.20坪（約28）	有 有	無 有
公立	東京市立一橋	1913－1929？	婦人閲覧室	（約16）	有	無
公立	東京市立日比谷	1908－？	婦人閲覧室	240：36席（15）	有	有
公立	東京市立深川	1909－1950？	婦人閲覧室	192：24席（約13）	有	有
公立	小田原市立	1933－1946	婦人閲覧室	（約20）	有	無
公立	鎌倉（町・市立）	1936－1974？	婦人閲覧室	16：6坪（約38）	有	有
公立	横浜市立	1927－1948	婦人閲覧室	204：36席（約18）	有	無
公立	新潟県立	1917－1950	婦人閲覧室	14：24席（約17）	有	無
公立	富山県立	1940－1945	婦人閲覧室	（約8）	有	無
公立	石川県立	1912－1915 1916－1948？	婦人室 婦人閲覧室	102:16席（約16） 106:34席（約32）	有 有	無 有
公立	福井県立（市立福井）	1909－1939	女子閲覧室	（約20）	有	無
公立	山梨県立	1931－？	婦人閲覧室	48：12席（25）	有	無
公立	県立長野	1937－？	婦人普通閲覧室	156：26席（約17）	有	無
公立	岐阜県立岐阜	1937－1950？	女子閲覧室	（約50）	有	無
公立	静岡県立葵文庫	1925－1948	婦人室	180：48席（約27）	有	無
公立	市立名古屋	1923－？	婦人閲覧室	330：70席（約21）	有	無

公立	岡崎市立	1922－？	婦人閲覧室	（約 15）	有	無
公立	豊橋市立	1938－？	婦人閲覧室	（約 17）	有	無
公立	三重県立	1937－？	婦人閲覧室		無	無
公立	彦根市立	1927－1938？	婦人閲覧室	33：12 坪（約 36）	有	有
公立	京都府立京都	1909－？	婦人閲覧室	250：20 席（8）	有	無
公立	大阪（大阪府立）	1903－1922 1922－？	婦人閲覧室	168：16 席（約 10） 168：30 席（約 18）	有 有	無 無
公立	大阪市立	1921－？	婦人室	18.8:3.98 坪(約 21)	有	無
公立	市立堺	1916－？ 1936－1945	婦人室 女子閲覧室	36：4 席（約 11）	有 無	無 有
公立	神戸市立	1911－1921？ 1921－1966？ 1966－1978	婦人閲覧室 婦人閲覧室 女子閲覧室	100：15 席（15） 161.5:7.5 坪（5）	有 有 有	無 無 無
公立	奈良県立	1909－1970？	婦人閲覧室	100：12 席（12）	有	無
公立	和歌山県立	1908－1956？	婦人閲覧室	54：2 席（約 4）	有	無
公立	鳥取県立鳥取	1931－1943？	婦人閲覧室	160：24 席（15）	有	無
公立	岡山県立	1923－？	婦人室	129：16 坪（約 12）	有	無
公立	山口県立山口	1903－1929 1929－？	婦人閲覧室	90：16 席（約 18） 1890:1197 平方尺(63))	有 有	有 無
公立	徳島県立光慶	1917－1931 1931－1945	婦人閲覧室 婦人席	128：16 席（約 13） 128：32 席（約 25）	有	有 3D
公立	香川県立（私立）	1905－？	婦人図書閲覧室	130：24 席（約 18）	有	無
公立	愛媛県立	1935－？	婦人閲覧室	（約 19）	有	無
公立	高知県立	1916－？	婦人児童室	60：15 席（25）	無	無
公立	福岡県立	1918－？	婦人室	88：23 坪（約 26）	有	無
公立	県立佐賀：唐津（私立）	1915－？	婦人室	（約 30）	有	無
公立	長崎県立長崎	1912－1948	婦人閲覧室	（約 24）	有	無
公立	熊本県立熊本	1912－？	婦人閲覧室	38:11 坪（約 29）	有	有
公立	大分県立大分	1931－1936 1937－？	婦人閲覧室 女子閲覧室		無	無
公立	宮崎県立	1907－1915 1915－？	女子席 婦人閲覧室	 39：9 坪（約 23）	無 無	無 無
公立	鹿児島県立	1913－？	婦人室	110：24 席（約 22）	有	無
公立	沖縄県立沖縄	1910－？	婦人室	40：8 席（20）	無	無
私立	大橋図書館（東京）	1902－1923 1926－1953？	婦人室 婦人閲覧室	（約 15） （約 50）	有 有	無 有
私立	南葵文庫（東京）	1908－1924	婦人閲覧室	70：13 坪（約 19）	有	有
私立	岩瀬文庫（愛知）	1908－1917	婦人閲覧室	（約 30）	有	無
私立	鎌田共済会図書館（香川）	1922－1941？	婦人閲覧室	（約 27）	有	無

＊「図書館名」については、婦人閲覧室設置当初の名称を優先し、名称の後の図書館を省略して記載している。

これらはすでに『図書館文化史研究』第三十五号に発表したデータに新たに得た情報を追加修正したものである。調査対象は、明治・大正・昭和戦前期までに存在した道府県立図書館三十九館のうち、二〇二二年五月の調査時点までに、婦人閲覧室設置の事実が確認できなかった一館（滋賀県立）を除いた三十八館である。

国立図書館一館と市立図書館については、東京市立をはじめとして、その他の市立図書館は、周年史が刊行されていたものを探索し、二十館を挙げている。

私立図書館については、実業家や紀州徳川家などによって設立された四館を対象としている。市立図書館と私立図書館については、調査対象館が網羅的ではないことをお断わりしておく。

なお、明治・大正期に、私立図書館として創設の図書館が、後に県立・市立図書館となった例がある。このような場合は公立図書館として扱い、図書館名の後に（私立）と補記している。

【表1】の設置年と廃止年の年表示の見方

婦人閲覧室の設置年と廃止年の年表示を、「－」でつないで示している。

設置年は明らかだが、廃止年が確認できなかった場合は、設置年の「－」の後に「?」を記載した。ある年まで存在していたことを確認したが、その後どうなったかは不明の場合は、廃止年の後に「?」を付記している。

＊婦人閲覧室の設置年と図書館の開館年とは、時期が一致しない館もある。

【表2】婦人閲覧室の「設置年区分」による館種別数（調査した図書館数）

	国立	道府県立	市区町村立	私立	合計
明治期	1	13	6	3	23
大正期	0	16	8	1	25
昭和戦前期	0	9	6	0	15
合計	1	38	20	4	63

＊市区町村立のなかには，東京都立図書館や区立図書館の前身である東京市立の4図書館を含む。

② 婦人閲覧室の設置年と廃止年

【表1】の図書館一覧から、設置の時代・設置母体別に区分したのが、【表2】である。

【表1】【表2】では、婦人閲覧室は明治期から全国各地に創設され、一九四五（昭和二十）年頃まで長年継続して運営された図書館があったことがわかる。

【表2】では、明治から大正期にかけて多く設置され、昭和期になるほど少なくなっている。

一八九八（明治三十一）年に、京都府立図書館が開館した翌年には「図書館令」が公布され、県立秋田図書館が開館している。次いで、宮崎、山口、茨城、大阪、岡山、東京などに先駆的な図書館が設立された。一九一〇（明治四十三）年に、「図書館設立ニ関スル注意事項」（小松原訓令）が発令されたあとには、各地に県立図書館が次々と誕生している。

図書館草創期の私立図書館や文庫にも婦人閲覧室があった。代表的なのが、一九〇二（明治三十五）年に博文館創業者の大橋佐平の遺志により設立された大橋図書館である。明治から昭和へと継続され、帝国図書館や県立図書館の設立などにも影響を与えた。

婦人閲覧室の設置年は、明治・大正期であっても、関係資料でかなり正確に読み取ることができた。多くは図書館の開館と同時に、あるいは新館建設時に設置されていたことがその理由であり、周年史に収録された当時の新聞記事などでも確認できた。

一方、廃止年については、現時点では多くの図書館が不明なままである。

関東大震災や戦争の影響、戦後の図書館移転などに伴う混乱や書類焼失などで、正確な情報が確認できない図書館も多かった。あるいは、施設の改修や増築、部屋の再配置などが頻繁に行われたため、少なくともある年までは存在したことがわかっても、最終的にいつ廃止されたのかは、現時点で資料や図面で確認できず、個々の図書館に尋ねても不明なものが多かった。

婦人閲覧室がいつまで存続していたのかは、正確に把握できない図書館が多かった。

廃止年がはっきりしているのは、ほとんどが一九四五（昭和二十）年頃である。戦後に憲法によって男女平等の時代になり、男女共学になっても、まだ婦人閲覧室を運営していた図書館があったこともわかった。これは市立図書館レベルで残っているものが多い。

3 婦人閲覧室の平面図

数字だけではわからなかったが、平面図を見ることによって立体的に確認することができる。たとえば、普通閲覧室と婦人閲覧室の位置関係や、面積の割合などを把握することができた。

【表1】に掲載した六十三館のうち、平面図があったのは五十三館である。

平面図の資料的価値は高いが、図書館に保存されていない場合もある。今回の多くは周年史に記載されていたものである。平面図は、図書館に保存されている場合や、建築時の公文書として役所に保存されている場合もある。

多くの図書館が平面図の資料的価値について認識しており、地域資料として保存し、デジタル化して公開している図書館もあった。平面図がない場合、聞き取りによって手書きをしている場合もある。また、計画案として平面図が作成され保存されていたが、実際の建物とは異なっていた場合もある。まれに「新築落成記念」絵葉書などに収録されていた例もある。

以下に各図書館の平面図を紹介する。

山口県立山口図書館（明治三十六年）

婦人閲覧室は、普通閲覧室の四分の一の大きさでかなり大きい。席数は九十席に対して十六席。一九二九（昭和四年）にできた行啓記念図書館も、面積は六割程度を占めていた。

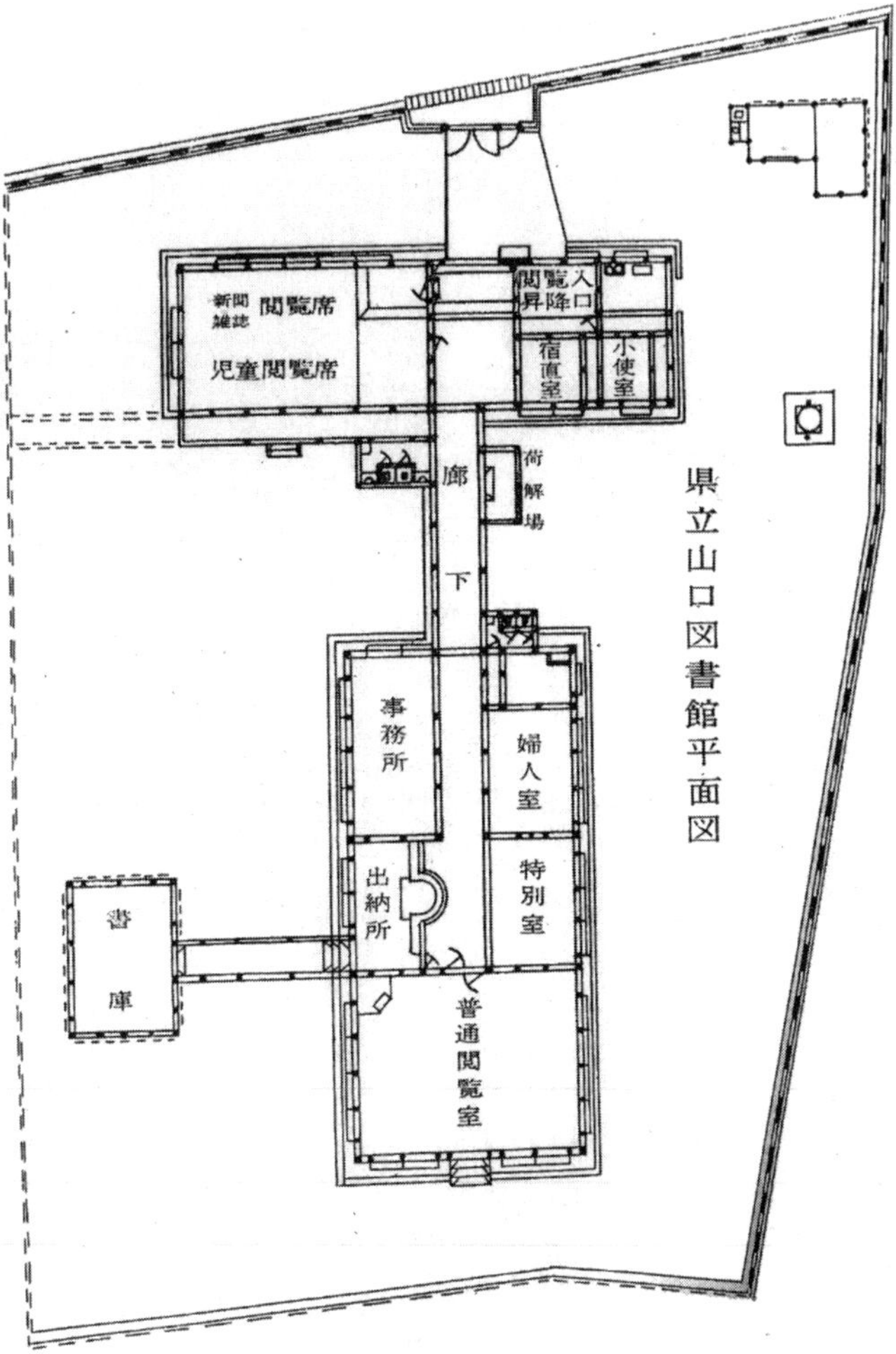

山口県立山口図書館平面図

山口県立山口図書館所蔵資料『山口県立山口図書館100年のあゆみ』より

大阪府立中之島図書館（昭和二年頃）

婦人閲覧室だった部屋は、現在も府立中之島図書館二階に残っている。普通閲覧室や部門別閲覧室は三階をほぼ占めている。婦人閲覧室は創設時十六席、増築時に三十席となり、昭和五年には、女性の利用者が婦人閲覧室の拡張を願い出る上申書を出した。

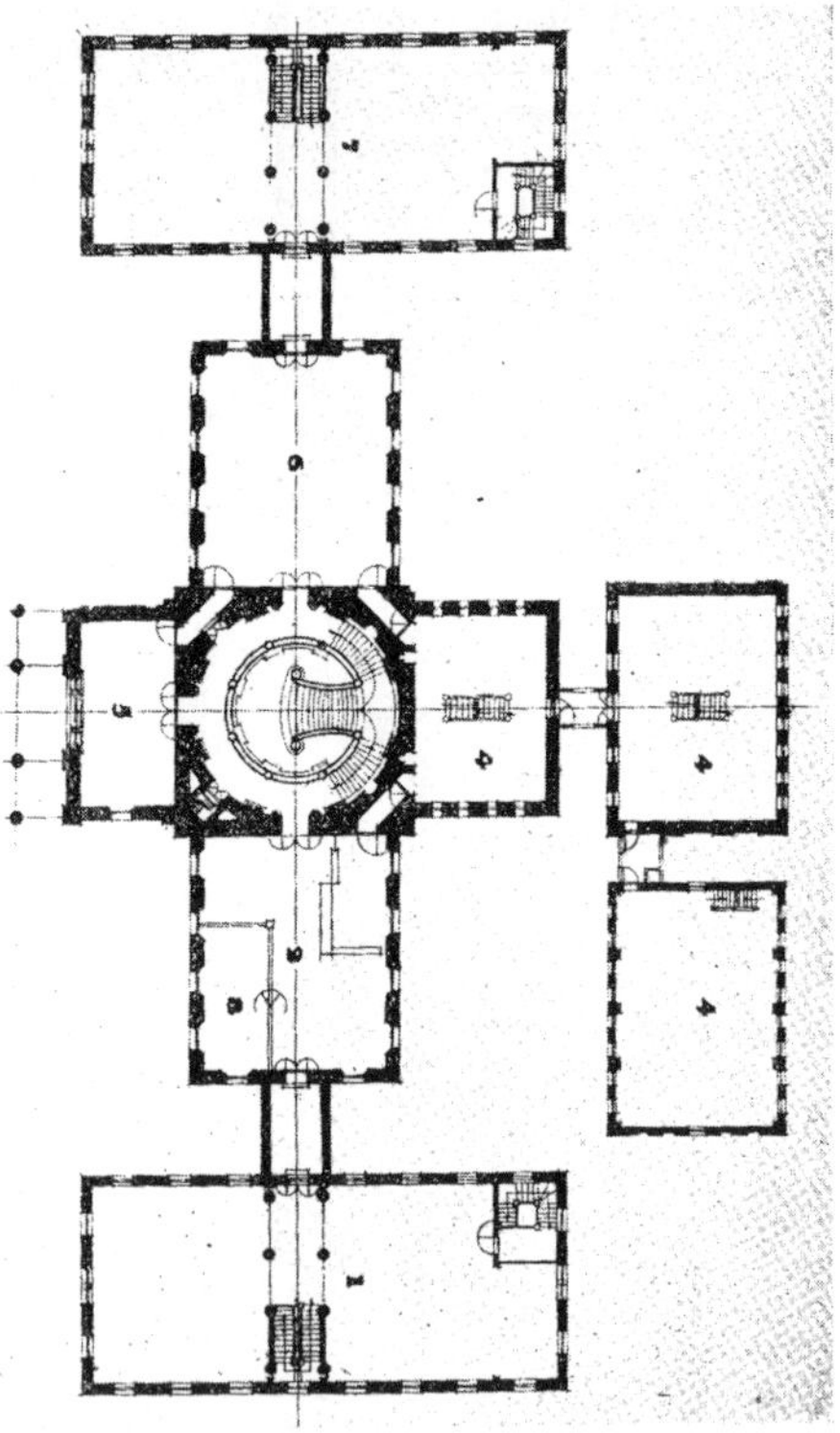

1經濟商業部、理學工藝部閲覽室　2經濟商業部、理學工藝部圖書出納及目錄室　3圖案圖書閲覽所　4書庫　5記念室　6、7普通閲覽室

增築後第三階平面圖

大阪府立中之島図書館所蔵資料『大阪府立図書館五十年史略』より

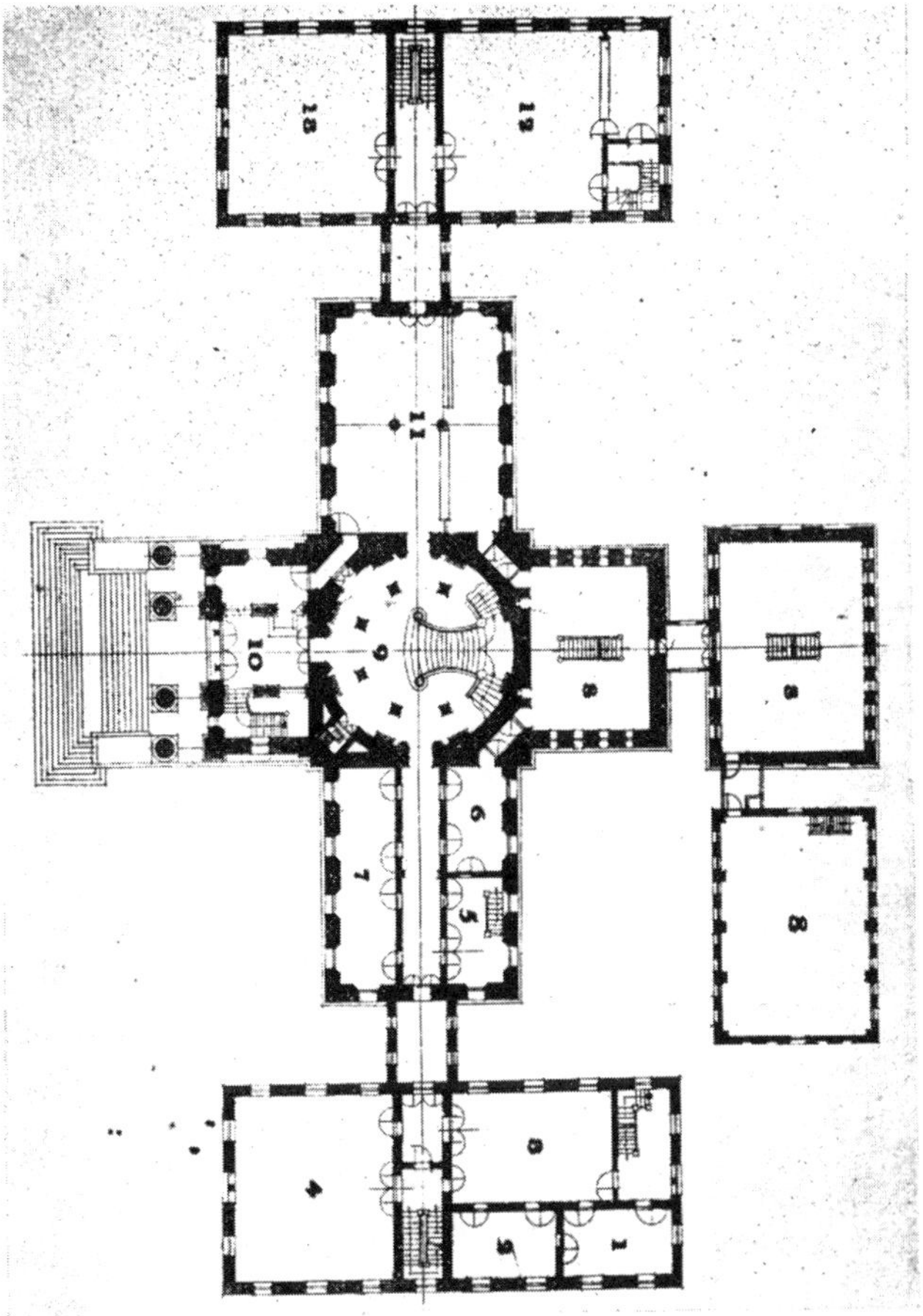

1館長室　2會計庶務係室　3司書係室　4陳列室　5巡回文庫係室　6書庫兼装釘係室　7婦人閲覧室
8書庫　9廣間　10玄關　11一般圖書出納及目錄室　12新聞雜誌閲覧室　13特別閲覧室

増築後第二階平面圖

大阪府立中之島図書館所蔵資料『大阪府立図書館五十年史略』より

1 小使守衛室　2 小使宿直室　3 便所　4 職員宿直室　5 豫備室　6 陳列室　7 物置　8 装釘室　9 配電室及荷解室　10 書庫　11 下足預及置場　12 婦人便所　13 傭人食堂　14 職員食堂　15 新聞雑誌部書庫　16 閲覧人食堂　17 便所

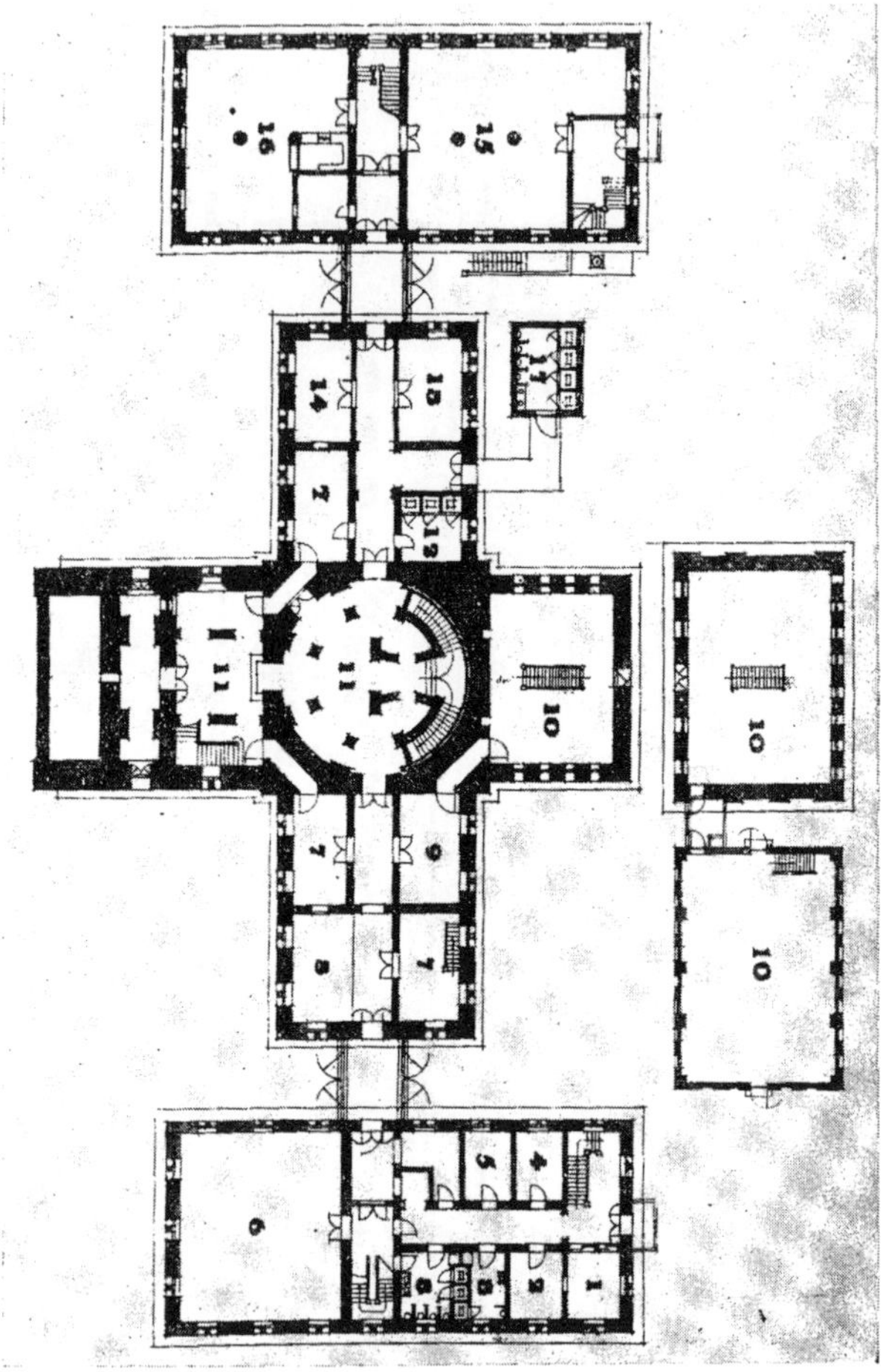

増築後第一階平面圖

大阪府立中之島図書館所蔵資料『大阪府立図書館五十年史略』より

4 図書館における婦人閲覧室の位置（階）

平面図によって、普通閲覧室と婦人閲覧室の位置関係が明らかになった。

前述の『図書館小識』では、婦人閲覧室について、「我国にては事情の容す限り之を特設し、若し特設し能はざる時は、屏障等を以て男子部と区別するを可とす」と、男女が顔を合わさないように区別することを力説している。

設置できないときは、屏障などで男子部と区別するとの念の入れようである。男女の利用者が、別々の閲覧室で読書し、貸出などの際にもできるだけ顔を合わせることなく利用できるのが望ましいとされていた。

しかし、実際には建築上の都合や管理上の理由からか、当初の婦人閲覧室の位置は男性が使用する閲覧室と離れておらず、六十三館中四十二館が同じ階に近接して配置していた。

5 利用に際してとくに配慮した点

図書館で図書を利用するには、いくつかの関門をくぐらなくてはならない。受付から閲覧までの一般的な手続きは、現在の利用者からすれば、気の遠くなるような不自由さである。

まず、玄関の受付で閲覧証を受け取り、目録室で読みたい図書を選び出し、閲覧証にその図書の書名、分類番号、冊数、閲覧者自身の住所、職業、氏名などを記入する。

その閲覧証を、男性が利用する普通閲覧室のなかにある図書出納所の係員に差し出して、書庫から出してもらった図書を借り受け、それぞれ決められた閲覧室で利用する。何度でもこれを繰り返すことができ、退館の際は証印された閲覧証を受付へ返す、という具合である。

写真は帝国図書館の普通閲覧室である。着物姿の男性たちが大勢資料を利用している。奥にある出納台で職員が資料を出納する。

出典：国立国会図書館国際子ども図書館「帝国図書館の歴史」（https://www.kodomo.go.jp/about/building/history/pdf/history_imperial.pdf）

たとえば、一家の戸主であってもまだ十九歳だった樋口一葉は、「多くの男子の中に交りて、書名をかき、号をしらべなどしてもて行たれば、違ひぬ、今一度書直しこよといわるれば、おもて暑く成て身もふるえつべし、まして面みられささやかれなどせば心も消る様に成て、しとど汗におしひたされて文取しらぶる心もなく成ぬべし。[38]」と日記に書いている。

明治・大正期の女性の利用者からすれば、必要な図書を閲覧するために、男性と一緒に目録室で調べることや、普通閲覧室内にある図書出納所で図書の貸出や返却をすることは、予想外の恥ずかしさや、ひいては苦痛を味わうことだったのかもしれない。

また、男性からのからかいや嘲笑も、無視できなかったようである。一九〇五（明治三十八）年に、閲覧者の公徳について書かれた記事では、帝国図書館の閲覧者が館内で行っている非公徳、非文明な行為を列挙している。

第一に盗難が行われること、第二に図書を汚損し破毀すること、第三に仮睡すること、第四に閲覧席を壟断〔独占〕することなどを挙げた最後に、「第五　婦人閲覧者を嘲弄することである。是れは食堂、休憩室、運動場、閲覧室等に日々に見受ける光景である。誠に尾籠至極の心柄で、男子たる者の恥ずべきことがらである」[39]と、記している。

第一から第四までの行為は、今日の図書館でもよくあることだろう。しかし、第五の「婦人閲覧者を嘲弄すること」については、しかも館内の場所を問わず、日常茶飯事に行われる行為とあっては、女性利用者や図書館員の苦悩は深く、その対策が模索されたと思われる。

男女の閲覧者が、なるべく顔を合わせないように配慮した対策として、図書館でもさまざまな工夫を凝らしている。まず、男女の閲覧室はできるだけ離して設置し、可能であれば婦人閲覧室にも専用の目録を備えるなどの方法が取られたようである。

一九〇九（明治四十二）年に、新築の京都府立京都図書館では、大閲覧室を一階に、婦人室を二階に離して設けたが、「書庫との連絡が取り難くて出納に不便だろうという黒人〔くろうと〕評もあるが[40]」と、不評を買っている。

また、一九一〇（明治四十三）年の鹿児島県立図書館では、女性の利用者が少ないと聞かれて、「男子と一緒に閲覧簿を繰るなんか兎角遠慮のされるものだそうですから、只今の設備では奈何も致方ありません、是れには他に婦人の為めに特別な設備を施さねばなりますまい[41]」と答えている。

同様に、一九一四（大正三）年には、改築された帝国図書館の婦人室を訪れた記者が、以前とは面目を一新して、婦人室が三十席ほどに増えたことを評価しながらも、「貸出所があまり隔って居るので少からず不便を感ぜさせられる[42]」と感想を記している。

一方、目録室についても、一九〇六（明治三十九）年の茨城県立水戸図書館では、「図書目録も女子室には特別に備付てあるので、男女室を遠隔してあるのは、大橋図書館に於て女子が出入に普通室を通過するに比すれば出藍の設計である[43]」と、自画自賛している。

その大橋図書館の婦人閲覧室は、一九一〇（明治四十三）年頃、「男子部に顔を見せぬようにされて以来、急に婦人閲覧者の数を増し定員二四人に対する平均二一人にて、殆んど満員に近い有様となったそうである[44]」とある。明治の頃には、男女が顔を合わせることにそれほどに抵抗があったということだろう。

一九二二（大正十一）年の岩手県立図書館でも、「現在の処目録室はただ一室あって、男女子供みなゴッチャになっているので、若い婦人などは男の沢山居る中へ入って同じカード箱を調べるのは窮屈な思いをさせるというので、今回新に現在使用しているのと同様のカード箱を購入した、それで近々同じ目録カードを作成して婦人閲覧室に備付ける[45]」ことにして、改善している。

あちら立てればこちら立たずの様相だが、それぞれの図書館が、男女が顔を合わせることに非常に過敏になり、とくに女性の利用に気を遣っていることがよくわかる。

一九三三（昭和八）年に、日本で最初の「婦人図書館」ができたとの記事に、「これまでとて普通の図書館には必ず婦人室の設けがあり、読む本も不自由はしないのですが、しかし面倒ないろいろな手つづきや、殊に赤んぼなどおぶって、大勢の男の中で目録をさがしたりするというようなことは、まだ日本の婦人には気おくれをさせています[46]」とある。

心理的なハードルの高さを解消するための解決策として、女性専用の図書館を作るという考えに及んだのであろう。

もう一つ重要視されたのが、便所の位置である。

現在でも、公共空間における衛生施設などの安全対策は、非常に気を遣うものだが、明らかに風紀的な理由からか、便所の位置についての記述がいくつかあった。

一九二五（大正十四）年に、県立長野図書館の新館建築に際して、東京、新潟、石川、京都、大阪、神戸、岡山、山口、福岡などで、図書館建設上の調査をした結果の「建築調査復命書」（意見書）が出されている。

そこには、とくに、「便所ニ付テ　男女ハ絶対ニ面接ノ出来ザル位置ニ建設セラレタキ事　然ラザレバ悪用セラル恐アル為夜間開館ノ如キハ全ク不可能ナリ[47]」と書かれている。

便所は、男女が顔を合わせないように配慮して、遠く離れた位置に建設するようにしなければ、悪用される恐れがあるとの内容である。

実際に、京橋図書館では「婦人の閲覧者を三階まで上げるのは気の毒ではあるが、専用の便所をとる必要上又止むを得なかったのである[48]」と記しており、閲覧室の配置よりも便所の位置を優先しているようにもとれる。それほどに大変だったということだろう。

また、一九三五（昭和十年）頃に、東京市立京橋図書館長だった秋岡梧郎は、婦人閲覧室のそばの便所に、出歯亀〔覗き行為のこと〕が四時間も潜んでいたという話を書いている。

その頃の京橋図書館では、便所の落書防止策が重大問題であったが、このような風紀的な問題も起こっていた。その対策として、「婦人便所と男子便所はその入口を別にする。その境界の仕切りは天井に達するものとする。出来れば全然別の場所に設けるがよい[49]」と述べている。

（3）女性の利用状況

1 利用者数

女性の利用者数については、周年史や図書館要覧、図書館報などに男女別の閲覧統計が報告された例がある。また、新聞記事などで部分的に知ることもできた。

明治から大正期には女性の利用者は非常に少なかったことは確かである。ところが、大正期の終わり頃にはようやく一割を超えるようになったが、座席数の少なさゆえに、婦人閲覧室の席は満員の状態になることが多かった。

一八九一（明治二十四）年に、『女学雑誌』の女性記者が、上野の東京図書館を訪れている。そこで見たのは、「館内幾百の椅子は皆熱心なる兄弟を以て充たされたり」とその研究に余念のない有様を喜びながら、階上の婦人席に行くと、「あら悲し……婦人席には曾て一人の姉妹をも認ること能わざりき[50]」と大いなる失望を味わい、長いため息をついて嘆いている。

明治二十四年といえば、ちょうど同じ頃から二十六年十一月まで三十回余り、樋口一葉が上野の図書館通いをしている。一葉もまた、「いつ来たりてみるにも男子いと多かれど、女子の閲覧する人大方一人もあらざるこそあやしけれ[51]」と、女性が一人もいないことを不思議に思ったことを日記に書いている。

一八九四（明治二十七）年頃の一つ橋の教育図書館では、「昨年四月より十二月迄の閲覧人員を算するに二万一千五百二十四名にして内女子は僅かに三十一名なりという。女子は男子と異にして家事の繫累も多く、殊に妙齢の処女たちなどは下婢を伴うか朋友を誘うかの必要ありて、到底男子の如く自由に同館へ往きて閲覧するの便宜なきにも依るべけれど、左りとて余りに其数の少に過ぎるにはあらずや[52]」と、嘆いている。

図書館はまだなじみのない施設であり、女性がひとりで出歩くことや、読書をすることにも、非常に勇気のいる時代だった。

当初は、利用者が少ないことよりも、女性が婦人閲覧室に来て、人前で本を読んでいる姿を目の当たりにすることの方が、図書館内外で驚きを持って受け止められていた。

たとえば、一九〇四（明治三十七）年の大阪図書館について、「婦人が図書館へ来るという事に館当局も驚きの目を見はっていたようで」、開館翌日の朝日新聞に、「女子室に入りたるも四名あり」と特筆されていたそうである。[53]

また、明治期の秋田県立秋田図書館では、「社会事情上、止むを得なかった事ではあるが」と断りながら、「女子閲覧者は三十五年度は閲覧者百人につき一人（総数二〇九名）、三十六年度は百三十九人につき一人（総数百六十五名）の割となっている、云わば、一ケ月延二十人にも充たない」、「まことに微々たるもの」であると記している。

しかし、この微々たる女性の利用者数に着目した『秋田県教育雑誌』（第一一七号）では、「『其婦人の多きは何等より来れる現象なるか研究すべき価値なくんばあらず』と不可思議の現象としてこれをながめている[54]」と書いている。現代の眼で見れば、あまりにも少なすぎる利用者数に驚くが、当時の人びとの眼で見れば、図書館に来て、本を読もうとする女性がほんのわずかでもいることの方が、非常に珍しく、不可思議の現象として、目を見張るほどに驚き、かつ貴重なことだと思っていたようだ。

帝国図書館の利用状況について、一九〇二（明治三十五）年に田中帝国図書館長が、閲覧人は「一日の平均が四百零五人」で、「閲覧人の男女の比較は無論女は少なくツて女は男に対して千分の四位[55]」と語っている。

十五年近く経った一九一六（大正五）年にも、帝国図書館の職員は、「婦人の読書力は男子に比べて一般に低く」と、それが理由であるかのように、「来館者の数も遥に少い」、「七月中は一日平均二十人位で、男子の一日平均五百人、時には千人近くもあるのに比べると四十分の一に過ぎません[56]」と、まだ同じようなことを述べている。

一九〇五（明治三十八）年、開館一年後の大阪図書館（大阪府立図書館の前身）では、「一年間の閲覧者数は九万三〇〇〇人余りで、一日平均二八四人弱となっており、当時としてはかなり高い利用率である。学生の利用が四六パーセントと高いのは、東京の場合も同様であったが、（略）女子の利用が五パーセントで、官吏の四パーセントより高いのも大阪の特色と言っていいだろう」[57]という利用状況であった。

一九〇七（明治四十）年の「大阪府図書館の入館者は毎日平均三百余名」だが、「女子は僅に二十名に過ぎず」と記し、我が国の弊として女子の外出を排斥することと、大阪市の女子が比較的読書を好まないことが理由だとしている。[58]

利用者が少ないのは、大都市の図書館だけでなく、地方の図書館でも同様であった。

一九〇五（明治三十八）年の宮城県書籍館（宮城県立図書館の前身）では、「男三千百九十二人にして女二十六人なり、斯く女来観者の少きは女の不勉強に由るや否やは知らず」[59]と女性の不勉強を理由に挙げている。

継続的に男女別の統計を記録している石川県立図書館や県立長崎図書館の例でも、大正期も半ばを過ぎてようやく十％近くに増えてきている。[60]

このように大正期までは女性の利用者は非常に少なく、当時の社会事情からすれば、全国的に同様の状態であったと考えられる。

一九一七（大正六）年に、日比谷、大橋、上野の帝国図書館を、女性が図書館巡りをしている『婦人週報』の記事がある。三図書館の女性の一日平均閲覧者数は、日比谷図書館は四、五十人、帝国図書館は二十五、六人、大橋図書館は二十人前後との館員のことばに、「市内の大図書館と目されるこの三つを合わせても、観覧人は一日百人に充たないとは、何と言う心細いことでしょう」[61]と、残念がっている。

ところが、一九二四（大正十三）年、関東大震災の翌年の帝国図書館では、「一日に男女千三百人から千四百人の読書子が押し寄せるので大変な人気である。婦人入場者は其内一割四五分即ち百七八十人であるが、定員八十人の閲覧室はこれら婦人のため狭過ぎるので、つい先達て俄に調査室を開放する事にしたが、それでも毎朝定刻の八時に開場すると、入口に二三十人の婦人連が取残されるという盛況」である。「婦人の読書欲は今後も一層増加を告げそうであります」と、職員が語っている。[62]

閲覧者の増加の理由は、帝国図書館が震災の被害を免れたため利用が集中したからか、突然の天災に見舞われたあとに、人びとが生きるための知識や情報を切実に求めたためだろうか。

一九三〇（昭和五年）頃の日比谷図書館の女性の利用者は、「一日八十人から九十人の入場者で年に二万九千人を超える」[63]ほどだった。

だが、一九三三（昭和八年）頃の日比谷図書館では、女性の利用者は「一ケ年に一万九千八百五十五名で、十年前の大正十一年前後に比べ、人口の増加に伴う自然増加以上に出でていないという貧弱さ」であり、利用者の職業別では三分の二が無職で、その大部分が受験準備中の学生、残りの三分の一が職業婦人となっており、年齢はいずれも二十五歳以下だと記している。
また、女性が図書館に来られない理由として、「まだ日本では女性が積極的に図書館にまで来てその知識欲を満足させると云うところまではまだまだ家庭から解放されていない、換言すれば日本の女性にそんな暇がないと見るのが至当でしょう」[64]と、図書館員が述べている。
一九四〇（昭和十五）年頃の帝国図書館の女性司書は、「一ケ年に約三十六万人、一日に一千百人の閲覧がありますが、婦人の閲覧者は昨年は四万四千七百六十八名で、一日平均百三十六名余、全部の閲覧者の約一割二分に過ぎません」と述べているが、婦人室の定員一四八席はいつも満員の状態だと付け加えている。
また、女性閲覧者の属性について、約半数の二万四千名は学生、教育家の女教師が約三千名、看護婦が一千百名、役所や会社の事務員が百七十余名、新聞雑誌記者が百二十余名、家庭にいる娘たち〔無職の独身女性たち〕が三千百余名と答えている。[65]
つまり、女性の利用者は、全体の約一割二分を占め、その多くが学生と家庭にいる女性たちだということであれば、二十代前後の女性たちで占められているのが予想できる。これは、宮本愛が、ほぼ同時期の東京市立図書館の女性利用者を調査した結果、利用者数は全体の一割程度で、二十六歳以上の利用者の存在は稀、という結果にもほぼ近い。[66]
同じく昭和十五年頃、市民の知識欲が急激に高まったのは、女性は職業婦人の図書館利用者が激増したことに起因するとしている。また、その理由として、「銃後を預る女性として知識教養に対する認識の昂まったこと、職業婦人などの実際的必要からの研究心の向上など」[67]を挙げている。

永嶺重敏は、女性の図書館利用が非常に少なかった理由として、「決して女性の読書意欲の低さのためではなく、むしろ女性を取り巻く社会的条件の未整備のため」であり、「近代日本の公共図書館は基本的に男性利用者を中心とするシステムであり、女性利用者は一般的にはそこから排除された異分子的な存在であった」ことや、「女性が一人で図書館を思いのままに利用できるような社会的条件がまだ整っていなかった」ことを指摘している。

「女性達は『婦人閲覧室』という名の特別な一室に囲い込まれ、空間的に男性利用者から隔離されることによってかろうじて読書に没頭することができたのである」とも述べている[68]。

それでも、時代が進むにつれて、女性の利用者は少しずつ増加してきた。ただし、閲覧席が少なく制限されたままの婦人閲覧室では、拡張や改善がない限り、利用の限界は見えている。

2 女性に特有の利用時間の制限

利用統計や新聞記事などを見ると、確かに男性に比べて女性の利用者数は圧倒的に少ない。それにしても、女性は男性より利用できる時間が短いという現実もあった。

『近代日本公共図書館年表』（日本図書館協会）によると、電燈の普及により、明治・大正期の多くの図書館が、夜間は午後九時、十時まで開館していたようである。

しかし、それは男性のみに許された利用時間であり、女性の利用者に対しては、利用時間は暗くなるまでというように制限されている図書館もあった。

日没後に女性が出歩くことは一般的ではなく、社会的な縛りがあったことと、予想される危険に対して庇護する対象であることの老婆心からだろうか。

たとえば、一九一六（大正五）年に、帝国図書館の掛員は、「婦人の来館時は一定しませんが多くは朝早くから来て、日の暮れ近くに帰ってしまいます。誘惑にかかり易い女のことですから自然こういう現象が現われるのでしょう[69]」と、女性の個別の事情は顧みず、まるで自然現象であるかのように扱っている。

女性への利用時間の制限の例をいくつかを挙げてみる。

一九〇六（明治三十九）年の茨城県立図書館では、閲覧時間のお知らせ記事で、四月から九月までの六か月間は午前八時より午後九時迄開館することになったが、「女子に対しては午後六時迄なり[70]」とある。

一九〇九（明治四十二）年、牛込区の簡易図書館開館に際しての紹介記事では、「閲覧料は鐚一文も取らずに何人（なんぴと）にても閲覧を許す、併し夜に入ると婦人の入館を許さないそうだ」[71]と、ここでも制限されている。

石川県立図書館は、一九一二（明治四十五）年の創立以来、婦人室と児童室を除いて、夜間も九時、十時まで開館していた。大正五年頃も「婦人の夜間閲覧を認めずに電燈の設備をなさなかったので」、やむなく夜間は開館できず、その後たびたび予算を組んだが実現せず、そのままずっと点燈時までの開室となったという[72]。

青森県弘前図書館は、一九一七（大正六）年に午後九時までの夜間開館を始めたが、「児童および婦人は従前通り午後四時までとす」[73]としていた。

「図書館規則」に記載している図書館もあった。

和歌山県立図書館は「婦人ノ閲覧時限ハ点燈時前マデトス」とあり、同様の規則は長崎県立長崎図書館にもある[74]。また、福岡県立図書館では、「婦人室は夜間は開館致しません。御婦人方の夜間来館は当分御断致します。」[75]とある。

一九一二（大正元）年の記事によると、帝国図書館は女性も夜間の閲覧ができたようだが、「公園には相当に街路燈の設備もあるが、月の無い晩は凄い程暗い所が多いので、是等の遅帰りの婦人に若しや災難があってはと一時は婦人の夜間閲覧を廃そうかとの議もあったが、公園の古い巡査に聞くと今迄にそんな例は無いと云う話ではあるし、反って男の方が危険な程の豪傑美人許りで有るから其の要もあるまいと沙汰止みになった[76]」ということである。

一方、一九一五（大正四）年に、県立熊本図書館は「婦人ノ夜間閲覧ヲ開始[77]」している。一九一六（大正五）年、女学生の利用が多い大橋図書館では、「燈が点いても九時頃までは熱心に御勉強です[78]」との記事がある。必要とあらば、夜間でもいとわないものだろう。

たしかに図書館の立地場所により、犯罪などの危険が及ぶかもしれないが、取り越し苦労ということもある。また、女性の夜間の一人歩きを案じて門限を定めるという、家庭の延長のような規則を、公の機関である図書館がそのまま踏襲していることも不思議である。

要は、女性に対する固定観念にとらわれず、実態をよく見て、柔軟に検討を重ねることが必要だったのではないだろうか。

それにも増して、もっと目を向けるべきは、夜間にしか図書館を利用することができない女性たちの存在である。

『職業婦人に関する調査』（大正十三年　東京市社会局）によると、職業婦人が希望することとして、講演講習会の開催、職業教育の夜学校、図書閲覧の便宜などが挙がっている[79]。

日々働きながら、さらに労働時間外に勉学し学習する意欲を持っており、そこからより高い資格を得たり、知識や技術を得ようとしていた女性たちである。

閲覧時間の制限のない図書館で、女学生や職業婦人が閉館時まで熱心に利用している例はいくつもあった。せっかく独立した閲覧室がありながら、女性の利用時間に制限を設けたことは、意欲ある女性たちを図書館から閉め出すことになったのではないかと残念に思う。

3 どんな女性が利用していたか

当時の図書館の女性利用者は、どんな人たちだったのだろうか。

ちなみに、男性の利用者はどういう人たちかというと、閲覧統計にその区分が示されている。代表的な例が、種別として学生、教員、官吏、軍人、実業、そして最後に女子を挙げている。より詳細に、学生、宗教家・教育家、官公吏・軍人、文筆家・医師・弁護士、商業家、会社員・銀行員、工業家、美術家・工芸家、海員、其他、そして女子としている例もある。

あたかも「女子」という職業があるかのように、女性の人数が最後にまとめて記されている。「この〔閲覧者〕種別の中に『女子』という項目のあるのは今日から見れば奇であるが、婦人を社会人から切りはなして考えていた当時の世態がうかがわれる」[80]と、そのわけが大阪府立図書館の周年史に記載されていた。

職業を持つ女性や女学生などの利用者はいたのだが、図書館側から見れば、社会的な地位や立場から除外された存在、「女子」というステレオタイプにひとくくりにして統計的に扱ったということだろう。

女性利用者の職業などの属性がわかる資料は、新聞記事などのほかにはほとんどない。新聞記事などによると、圧倒的に多いのが、女子大学生や女子医学生、女学校の生徒などである。次いで、産婆や看護婦、医師、歯科医師、薬剤師などの職業資格を得るためや、文部省の文検（中等教員検定試験）の受験生も多かった。

職業としては、教員や新聞・雑誌記者、役所や会社の事務員、官公吏、製図手、看護婦などがよく利用し、読書好きというよりも、職業的に読まねばならない必要に迫られて、実務的な目的で利用していたと思われる。年齢的には、若い女性が多かったようである。

主婦は少ないように思われるが、一九〇九（明治四十二）年の大阪府立図書館では、「面白いのは丸髷や廂髪のお母さんが子供をつれて来て時々『家政手ほどき』といった種類の本や手芸に関する簡易な本を調べる」姿が目撃されている。これは、「図書館常得意の少女が家庭に帰って吹聴する結果家政の閑暇を見計ろうては出てくる」[81]のだと記している。

一九一六（大正五）年の帝国図書館でも、「三十位から四十前後の婦人では奥様風の人が多く良人の手助らしく専門書類を写字したり抜萃したり」する姿を図書係が伝えている。[82]

昭和の初めに、帝国図書館でも、「最近母の再教育の云々されることによって一家の主婦も多く見受けられる」と、松本喜一館長が語っている。[83]

女性利用者の内訳は、明治期の大阪府立図書館では、女学生四分、通常の令嬢四分、主婦・老婦人二分であった[84]。大正期の日比谷図書館でも、利用者の半数が女学生で、それ以外は職業婦人が多かった[85]。同時期の京都府立図書館では、「その多数は学校教員とか女学校卒業後補習科・専攻科に在学するものであるが、中流階級の主婦も見受けられ…五月中（大正六年）の婦人室は満員続き[86]」の状態であった。

大正期以降は職業婦人が増え、職種も多様になっており、一九三〇（昭和五）年の日比谷図書館では、家庭の主婦だけでなく、教師や女流作家、女優などが、図書館に調べものに来るようになっている。女流作家として、平林たい子や吉屋信子の名前が挙がっている[87]。

東京の図書館では、明治・大正期を通じて、「一体に真面目になって来ました[88]」と、女性利用者の評判はいいようである。

一九一〇（明治四十三）年の上野図書館では、「婦人も大分多いが殊に根気のいいのには驚かれる、今現に妙齢な二人、一人は著述家、一人は検定を受けるので朝定刻の七時前から詰めかけて」いる様子を伝えている[89]。

同じく明治四十三年の日比谷図書館では、普通閲覧室は一日四百人以上の利用者で満員、一方、婦人閲覧室は二十人足らずの利用ではあるが、「非常に熱心なる読者多く朝入館すれば夕刻まで退館する事なし。殊に斯る真面目なる婦人連は決して女学雑誌又は小説などを見ず、重もに医書をのみ見る者多きは珍らしき現象にて、中には創立当時より通館して立派に前期後期の学説を取りたる婦人さえあり[90]」と、際立って真面目な様子を伝えている。

一九一一（明治四十四）年頃、図書館には教師や医師を志望している女性が多く通ってきており、真面目に専門書を読んでいる。そのなかで、「家事の手伝いをする隙を偸んでは図書館に来て医学を独習し、図書館勉強で以て、遂に芽出度医術試験に合格」して、昨年女医になった女性もいたという[91]。

同様に、神田一橋図書館に、明治四十四年の創立時から大正十四年の今日まで、十五年一日のごとく通い続ける女性もいた。子育て後の中年頃から図書館で勉強をし始め、五十歳過ぎて産婆試験や歯科医の試験にも合格し、歯科医の免許を受けるばかりになっている。一橋の主といわれ、みんなに尊敬されていたという[92]。

一九一二（大正元）年頃の帝国図書館の利用者では、「此頃例の青鞜社の頭目平塚明子〔平塚らいてう〕が包を抱えて参考書を調べに来るが、大抵閉館時間を待たず電気の点もる頃には帰って行く[93]」との記事もあった。

明治の終わりから大正になって、ようやく好きなことを好きなだけ求めて図書館に通い、自分の決めた道を突き進むことができる女性が現れている。

大正期になると、日比谷図書館では、「ここのお得意は女子大学や女子英学塾の学生に多く、その人達の読書力を見ると殆ど男子と大差なく、その選択する書籍も、社会学や哲学などと言う高級なものである」、また、「中年の人も可成り出入りするが、さる地位ある某婦人などは、夫の本まで自分で選択してお持ち帰えりになると言います。『一般の婦人がこの程度に進まねば駄目ですね』と言っていました[94]」と、読書力に秀でた女学生や、見識のある自立した女性が現れたことを記している。

また、一九一八（大正七）年頃には、「此頃は読書好きで、乱読を要求すると云うよりも、是非職業的に読まねばならぬ必要にせまられて来るのですから、読む本は来る前からちゃんと定めて来て読み終えるとさっさと帰って行くそうで、どうも小説は割に読まれません[95]」と、目的を持って効率よく図書館を利用し、蔵書の検索にも慣れてきた様子がうかがわれる。

一九二四（大正十三）年、関東大震災後の東京には、バラック建ての図書館が六か所設けられ、大勢の人が利用していた。日比谷図書館の今澤慈海図書館長談として、「婦人の入場者は次第にふえてゆくがその大部分は矢張り職業婦人である。面白い事には自動車を門前に待たせて読書してゆくものがあることだ[96]」と、震災後の復興途中の活気ある利用者の様子を語っている。

同じく、震災後の帝国図書館でも、「婦人の読書慾が非常に熾烈になったようです。（略）これら婦人の中には遠きは横浜、千葉、所沢辺りから毎日熱心に通うて来る人があります。（略）年齢はやはり二十歳前後が八分を占めて居ります（略）兎に角婦人の読書慾は今後も一層増加を告げそうでありますから当館としても拡張の必要に迫られて居るわけです[97]」と。

こちらも大正十三年の帝国図書館の話だが、女性の閲覧者は、「普通一日で八十名、日曜日には百五十名というように婦人の読書慾は益々旺んになって来たと同時に、数年前までは一日一人の閲覧書数四冊平均が、最近の統計は二冊強の割合になったように、読書の傾向が余程真面目になって来た[98]」という。乱読ではなく、読書に習熟してきたということだろうか。

一九二九（昭和四）年、日比谷図書館の係員の話として、利用者には職業資格を得ようとする苦学の女性も多く、面白い現象として、「閲覧券を買って這入りながら図書の貸出しを受けず、ただ自分の本やノートで勉強している婦人の多いことです。これは主に産婆、看護婦専門試験を志願する婦人で、看護婦会や産婆会或は他家に雇われているものが主家にいては雑用に追われるので、これぞという勉強も出来ないので、僅の時間でもしんみり勉強出来る図書館を選ぶという熱心さに原因しています[99]」と記している。

職業婦人が激増した時代に、婦人閲覧室が学びの貴重な居場所となっている。

女性の利用時間は、それぞれの事情により異なっている。

一九三〇（昭和五）年の日比谷図書館では、「家庭婦人は朝の内、午後それも四時過ぎから勤めを終った職業婦人が更に余分の努力をするためにやって来て、夜の九時まで書物と首っ引き」の状態となり、「疲れが出たのでしょう、すうすうと軽い寝息を立てている人もありました」[100]と婦人閲覧室の様子を記している。

一九三一（昭和六）年の日比谷図書館で、女性利用者の生態について、「大体が婦人は図書館を勉強場と心得ているせいか、男よりも自分の本を持参するものが多い。くる時も一人では来ず、友達などと連れだってくるし、くる時と来ない時のひらきが大きい」[101]とぼやいている。

一九四〇（昭和十五）年の帝国図書館で、明治以前の古書を扱う女性司書に、「婦人は古書など読まぬでしょうね」と尋ねると、「学者や劇作家に頼まれて古書を写すためにこの図書館に毎日通っていらっしゃる婦人が二、三名あります、むづかしい字体で書いた本を判読するのが大変ですけど、お仕事とすれば上品で、面白いのです」と、古書の写本を女性の新しい職業として紹介している[102]。

まだ利用者は少ないにしろ、図書館の蔵書と場所を必要とするさまざまな女性たちがいて、読書することにも少しずつ馴染んでいく様子がうかがわれる。

④図書館に遁れてきた悩める女性たち

非常に印象的だったのが、図書館に遁れてきた悩める女性の姿である。

一九二〇（大正九）年頃、「子供を連れて開館を待ちかねて入り、夕方燈がついても帰宅しようともせず、時としては原書等を読んでいる年取った婦人を見て、私は非常に初めは感心したのでしたが、或日其等の婦人の一人に話して見ますと、勿論はっきりとは云いませんが、高等の女子教育を受けて非常な理想を以て結婚生活に入り、子供も出来家庭生活の経験を味わって見ると、初めて家庭生活の惨じめさをつくづくと感じて図書館に遁れて来た人々でした[103]」と、日比谷図書館の司書が答えている。

大正の頃の平均寿命は五十歳にも満たない。年取った女性といっても、子どもを連れているからにはまだ三十歳前後であろうか。そういう女性を何人か見かけたというのである。

大きく社会が動いているときに、社会との接点もほとんどなく、理想を持って迷わず入った家庭生活に懐疑的になり、図書館でかつて読み解いた本を手に取ってみる。再び知識に触れることにより、家庭の外の世界を意識し始め、ひとりの人間としての眼を開こうとしてみるが、なすすべもなく懊悩している様子が伝わってくる。

「足袋つぐや　ノラともならず　教師妻」、これは俳誌『ホトトギス』の一九二二年二月号に掲載された杉田久女のよく知られている句である。イプセンの『人形の家』が一九一一年に翻訳され、松井須磨子のノラで上演された、そんな時代背景がある。

さらに昭和になっても、「家庭にこもっている友達の何人かが、唯刺激を受けるためにこの閲覧室に時々来ている。学校時代には国文の註釈書等を読みに来ていた人々[104]」がいたという。

時代を問わず、図書館には、自分が生きている意味を自覚しつつ、何かを求めて遁れてきた多くの女性たちがいた。固定的な女性像をもとに与えられたものではなく、女性たちが切実に求める資料や情報こそが、そのとき必要だったのではないだろうか。

これよりはるか前、一八九一（明治二十四）年の『女学雑誌』に、「女学生の理想」という記事がある。「何事か最とも楽しく、面白く、且つ望ましき乎」と、十三歳から十六歳の十三人の女学生に問うている。

そして、「成長してからの望みは、父母にらくをさせ、自身が出来る丈け我子に善き教育を與へ、我国の為めに子供が役に立つ様になるようにする」、「国家に有益なる人物をつくり出し、良妻賢母となること」[105]などと、多くの少女たちが迷いもなく答えている。女学校の教育成果がよく現われた答えといえよう。

知らない間に、このような理想の将来像に導かれていた少女たちが、懊悩するような現実の生活のなかで迷ったときに、図書館はその先の答えを見つける手助けができたのだろうか。どんな資料や情報を、生きる糧として提供することができたのだろうか。

（4）女性に提供された資料とされなかった資料

1 女性が読書すること

そもそも、女性が読書することは、どのように捉えられていたのだろうか。

日本最初の女性医師となった荻野吟子は、明治の初め頃、「本ばかり読んでいて、夫の親に気にいられなかった」ことも原因のひとつで離縁されている。「女はなまじ本など読まない方がよい、という考え方」が根強くあった。[106]

大正期でも、「我国の大部分の家庭では、まだ女が家庭の仕事の余暇に読書すると云うことを遊んでいる中に数えているものである」[107]という状態だった。

そして、現在でもなお、地方に行けば、「私はこの図書館ができても、ここへは来ません。町の人に私のような者が図書館へ行っていることを見られたくないのです。知られるといいことにならないのです」[108]というようなことがあった。

男性の場合は、今もむかしも読書することは、純粋に真理の探求や学問のためであったり、立身出世のために、大いに尊敬され奨励されることであろう。

しかし、女性の場合は、この当時、自分の役目をわきまえた家政や職業上の実用的な知識を得るためなら許されたが、それ以外の精神の糧としての読書や、ただ自由に知りたいためだけの読書はできるだけ遠ざけようとされてきた。

ある程度の高等教育を受けた女性でも、社会が求める一番の使命は良妻賢母になることであり、高度な学識や教養は必要ではなかった。そのため、家庭や社会のなかで、女性が読書することに対する無言の圧力や縛りがあった。言いかえれば、女性が読書することは、世間の思惑から自由になり、真に自分自身を生きるということであろう。

そんな時代に、図書館はどのような資料を女性のために用意したのだろうか。

2 女性のために用意された資料や情報

新聞記者などによる婦人閲覧室の探訪記事は、司書から直接話を聞いて書いたものも多くあり、女性利用者のおおよその読書傾向についてうかがい知ることができる。

また、図書館が女性利用者のために、どのような意図で、どんな図書館資料を提供していたかは、いくつかの図書館の周年史の記述などから、おおよその状況を知ることができる。

一九〇六（明治三十九）年に、田中稲城帝国図書館長は「女学生の読物」という新聞記事のなかで，「内務省の命令で青年子女の読んで悪い書籍は断然貸出さぬ事にして置く……害のある書籍は大抵読ませてない積りだ。……近頃出版の小説などでも悪いものは悉く取締って見せぬが多い、その為めに近頃小説や文芸書専門の検閲係りが館員として一人入られた」と、青年男女の読み物については良否を厳しく選書していると語っている。さらに、このような状況でも、当時の帝国図書館では、女性の利用者が非常に増えており、たいていは女学生であり、家政や文学書を借り出していると、続けて記している[109]。

同じ年の新聞記事で、日比谷図書館の選書基準である「備附図書選択標準」に挙げられているのは、「一、市民の日常生活に必須なる参考図書　二、読書の趣味を涵養するに適する図書　三、実業に関する図書　四、一般学生の自修に資すべき図書　五、東京市に関する図書　六、官公学校及公私団体の刊行書　七、内外市政に関する図書　八、家庭の読物として適当なる図書　九、学校技芸の研鑽に資すべき辞書及百科全書類　十、内外新聞雑誌を蒐集する事」などである。ほぼ同内容のものが、山形県立図書館にもあった[110]。

「家庭の読物として適当なる図書」、あるいは「婦人向け図書」や「女子に必須なもの」というような大雑把な選択基準でも、当時の図書館員にはどんな図書を指し示しているか明白だったのだろう。

もう少し具体的でわかりやすいのは、東京市立深川図書館や静岡県立葵文庫の例、山口県立山口図書館の刊行目録の内容、東京市立京橋図書館が女性にレファレンスを勧める内容などで、各図書館がどんな図書や情報を提供しようとしたのかをうかがい知ることができる。

一九〇九（明治四十二）年、開館後の東京市立深川図書館では、図書館長が新聞社のインタビューに、「家庭に関する書籍は成るべく網羅したい考えです」と述べている。[111]

また、一九二六（大正十五）年頃の静岡県立葵文庫では、「婦人室備付の本は何か特別の標準とかお考えの下にお選びになったものでございましょうか」との利用者からの質問に対して、「特別の標準とか考慮の下にと云うようなことはありません。元来書籍には男性の読むべきもの女性の読むべきものと云うような確然たる区別があるものではありませんが、その中で比較的婦人に関係の深いもの又特に女性を目標として書かれたと思われるものをあの部屋に備え付けてみたのです」と答えている。[112]

同様に、山口県立山口図書館では、一九二四（大正十三）年に、「読書普及と目録類の刊行」事業として、家庭や女性に関するものや、女性の伝記や女性の著作を主とした『分類年代順家庭婦人読物』を刊行している。[113]

一九二九（昭和四）年に復旧した東京市立京橋図書館では、「家庭の御婦人方にも利用をお進めいたしたく」と、レファレンス質問を受けつける際の内容を明らかにしている。「出産、育児、看護、料理、裁縫、手芸、洗濯及衣服整理、衛生、貸借、利殖、更らに細かく申せば、お子様に与えられる図書の選択、入学させる学校の調べ」などを具体的に挙げて、「これからの社会に、真に新しき婦人として生きて行かれる方の、よい御心掛けの一つではないか」[114]と勧めているが、それらはまさに当時の婦人雑誌『主婦之友』などが、良妻賢母の心得として、家庭の主婦に向けて情報提供した、生活に密着した記事内容と酷似している。

一九二五（大正十四）年に、帝国図書館の松本喜一館長が、「婦人としての読書の範囲・選択・標準」を『婦人公論』に八ページにわたって発表している[115]。

「一国の文化は、其国の婦人が社会的にいかに遇せられるかによって判定せられ得るもの」であるが、実情は欧米のそれには及ばない。それは、「わが婦人の教養の低い事」が原因であるから、教養を向上させるために「婦人が読書の問題について切実に考慮せられたい」と述べている。また、女性の読書の内容が量的には範囲が狭く、質的には程度が低いことが常態化していることから脱して、読書と生活との関係を男性のように進めるよう提言している。

具体的に、読むべき書の範囲・選択・標準として挙げているのは、現実的な家政の書だけでなく、家事経済学に関するものや、児童心理など児童研究に関するもの、心理、教育のような哲学書、社会的法制的知識を得られるもの。さらに、文学については、世界の名著に加えて各時代の国文学の古典を挙げている。

「精神の糧として、人間性の陶冶といった上からの読書」と謳いながらも、文中には、「家庭は生活の根拠地であり、教育への揺籃である」、「自己本来の使命に省みる」、「若き公民の母たらん」、「妻となり母となった時代に於いても」という言葉がたびたび出てくる。

「人生を通して行わるべき読書は、可及的に其範囲を拡大して、自主的に自由に進むものでありたい」と述べながらも、つまるところは、女性の読書の範囲・選択・標準は、「良妻賢母」となるための一本の道しか想定していないようである。

これらの事例から見て取れるのは、明治から昭和の時代に至っても、図書館が女性のために用意したのは、当時の社会が望ましいと考え、期待される女性像や役割に沿って押しつけた、限定された資料群であったことがわかる。「男は仕事、女は家庭」という性別役割分業が、時代が進むにつれ、内実は少しずつ変化しているにもかかわらず、そのまま図書館が女性に用意し続けた旧態依然とした図書の内容に反映されていた。

また、女性が読むべき図書があったということは、男性が読むべき図書、あるいは男性が読んではいけない図書というものも、当然のようにあったと思われる。そうであれば、男性にとってもこのような性別で分けられた読書は、不自由なものだったのではないだろうか。

しかし、早くも明治の終り頃には、女性の読書傾向について、図書館では気づいていた。一九〇八（明治四十一）年に開館した東京市立日比谷図書館では、「育児、家政等、婦人の読みそうなものを、婦人は読まないで、矢張り男子と同じく、語学文学科学に関するものを読むのは、新らしい現象です。男女同権を事実で行こうというのでしょう[116]」と、「男女同権」ということばをわざわざ使って、図書館長が語っている。

また、「不思議なのは家庭に関する書類が存外に読まれない事です[117]」とも。

同じく、一九一〇（明治四十三）年頃の日比谷図書館の実情について、「借出す書物は男子の借りるものと左したる相違もない　女だから定めし家庭に関した事の書て〔本文ママ〕いるものを借りるだろうと思うと大間違で家庭ものは殆ど飾り切りの有様[118]」と喝破されている。

このような実態がわかっても、それでもなお、女性の多様化した情報要求を無視して、知りたい情報、読みたい図書よりも、女性に読ませたいものを押し付け、提供し続けたのだろうか。

与謝野晶子が、一九一六（大正五）年に、いみじくも書いている。

「私は一体に、婦人雑誌とか、新聞の婦人欄とか、会場の婦人席とか言うものが特別に存在するのを見て、婦人が子供に類似した低級な取扱いを男から受けて居るのだと思います。婦人が若し一人前の実力があるなら、男と同じ出版物を読んで差支の無い筈です。特に婦人にのみ必要な記事であっても男と一所に読む雑誌の中に併せて掲げられてよい筈です。子供の読物が別にあるように、婦人の読物が別に出版される間は婦人の実力が男に比べて劣って居る證據だと思います[119]」と。

また、一九一〇（明治四十三）年に、内田魯庵は、「主婦に本を読ますには何うしたらよいか」

と問われ、「家庭の図書室を作るのが一番効果があると思う」と答えている。

そして、書籍の選択について、「その図書室に備うべき書籍は、無論文学と歴史を中心としなければならぬ。これは私の独創でも発明でもなく普通図書館が書籍を選択する標準点である。文学と歴史に自然科学も加えて科学の知識を加えるのも必要である。（略）各種の書籍を集めるのは、各人の趣味によって自由に選択すべきであるが、蒐集の中心を歴史、文学、自然科学の三つに置くことを世間に勧めて置きたい」[120]と述べている。

図書館の選書の原点に立ち返れば、男女の区別などなく、利用者が必要とする図書を、何の強制も受けず、広い視野にもとづいて選択するのが、当たり前ではないだろうか
石川県立図書館では、「時代の進むにつれて婦人の読書傾向も変り、又婦人の閲覧者で大閲覧室の公開図書を利用する人も増して来ました」[121]とあるように、女性の方から自然に、読書に関わる垣根を取り払っており、図書館もそれを受け入れようとした事実がある。

そして、同館では、ついに一九三二（昭和七）年に、婦人閲覧者が婦人室だけでなく各閲覧室も利用できるようになった。[122]女性の読書傾向や社会の意識、男性や女性の意識も変わってきたことが理由であろう。

一九三一（昭和六）年に、徳島県立光慶図書館でも「普通閲覧室を男子席と婦人席に間仕切りで区分、間仕切の両面を公開書棚に代用」している。[123]男女の利用者が少し近づいて来た。

もはや図書館が用意した「婦人向読物」というものも「婦人閲覧室」も成り立たなくなってきている。ある意図があって、女性に読ませるべきものが決められた時代から見れば、書庫や公開書架にはさまざまな分野の資料があり、「婦人向読物」や「家庭もの」は殆ど見向きもされず、性別に関係なく、自由に利用する時代にようやくなりつつある。

3 女性たちは何を読んでいたのか

女性たちは、婦人閲覧室でいったいどんな本を読んでいたのだろうか。

一九〇四（明治三十七）年の大阪図書館では、「女子は国文、歌書、家庭書等を喜び、看護婦産婆生徒は生理、解剖の図書を読む」[124]と、教科書や専門書などの基本的な図書を読んでいる。

一九一六（大正五）年の帝国図書館でも、「婦人に読まれる書籍は第一に家事、家政に関したもので続いて裁縫、礼法、活花等の本が割合に多く出ます」、また、文学書類も少数の女学生に限って出ており、女子大学の学生はトルストイ、ツルゲーネフ、ワイルドなどの翻訳もの、高等女子師範の生徒は国文学の源氏物語や伊勢物語を読んでいると記している。[125]

一九二〇（大正九）年の日比谷図書館では、最近の女性の読書傾向を職員に尋ねている。

「フィヒテの知識学に関する著書とか、カントの道徳哲学批判とか、或はジェームスの心理学等と云う男子も読むに苦しむような程度の高い本が、不思議な事には年を取った子を連れている家庭の主婦に読まれる」一方で、「家事、育児、婦人衛生などの家庭の婦人に読まれそうなものが、却って年若い女学生に読まれるのも変わった現象ですが、これは年若い女学生などは結婚とか或は主婦としての生活に多少の不安を抱き、殊に学校教育では不十分な性の問題等になると、人に聞かれぬと云うので、書物に頼る外ないことになる為であろう」と、答えている。

また、高等女学校を出て監督として交換局に勤めている若い女性が、交換手に読ませる本を調べに来たが、電気学の通俗的な研究書から、実用作文、女礼式の類まで書き留めていったとある。婦人問題ではエレン・ケイ〔社会思想家・教育学者・女性運動家〕の本がよく読まれていると述べている。[126]

一九二四（大正十三）年の帝国図書館では、「女流の美術史家等もおおく見受け出し、文学書の外、婦人問題や社会問題或いは建築または美術に関するものが読まれるようになってきた。それに丸髷風の婦人が近ごろ相当に来、その中には古新聞綴から株式や米相場の高低表を写したり古い記事を写しているものもある」[127]と、経済や相場に関心を持つ実業家らしき女性もついに現れたようである。女性たちの職業も多様になり、それぞれの必要に応じて、図書や新聞を活用しているのがよくわかる。

大正期以後の女性たちは、社会の動きを意識し、女性の生き方や、日常の生活や行動に結びつく図書や情報、生きていく全般のことを知るためのツールを求めるようになっている。

一九三九（昭和十四）年、日支事変の最中の日比谷図書館では、図書館長の話として、利用者の半分以上が「実生活に即した健実な〔本文ママ〕書物を読んでいる」、それは、「主婦として、また銃後婦人としての常識以上に研究的になって来たのも事変が齎した質素な気風であると思われます[128]」と記している。また、読むものが文学ものから実生活に即したものへと移行していると語っている。

同様に、同年の松本喜一帝国図書館長の話として、最近の読書傾向としては、「戦時財政問題に関する図書をあさるという傾向で、戦時財政が家庭に影響する力を知ろうとする欲求が強くなってきた[129]」と述べている。

この頃は、女性たちが何を読んでも、戦時の影響に結びつけた読書傾向となるようである。以上は、女性が読んでいる資料の内容を、散発的に新聞記事から取り上げたものであるが、図書館員が、閲覧記録によって読書傾向を分析した雑誌記事もある。

一九二二（大正十一）年の日比谷図書館では、十月中の利用が多い四回の日曜日の閲覧記録によると、閲覧者の合計一八二人が二二一冊の図書を利用している[130]。

閲覧数が多いのは、「文学、語学」の七十四冊、「宗教、哲学、教育」の五十冊である。「文学、語学」の大部分は小説で、夏目漱石、有島武郎や外国文学もよく読まれている。「宗教、哲学、教育」は、中等教員検定試験の参考書として利用する人が多いが、それ以外の「哲学宗教的思索に入った若い婦人のあることは見逃すことは出来ない」と注目している。

三番目に多い「数学、理学、医学」は二十九冊で、医術開業試験の準備中の人が多いせいでもあるが、科学や自然研究に興味を持つ女性が増えていることにも注目している。

四番目は「歴史、伝記、地誌、紀行」の二十六冊。世界地理などを読んで、第一次世界大戦後の世界の現勢を知ろうとする人が多いことを理由に挙げている。

しかし、「産業、交通及通信、家事」は十四冊。

これに対して図書館員は、「家事の項目が含まれてあるにも拘わらず」、「利用の甚だ振わぬのは頗る遺憾」と述べ、「伝統に支配され、旧習慣に甘んずる最も非進歩的の日本の所謂家庭婦人は、その現在に於ける唯一のシゴトである一般家事育児に就いてさえ、何等新らしい纏まった知識を得ようとする欲求のないのは、これによってもその一半は確かめられる」と、家庭の主婦のあり様を悪しざまに断じている。ちなみに、「法律、政治、経済、社会、統計」は一番少なく、二二一冊中わずか三冊しか閲覧されていない。

多くの婦人閲覧室には、図書だけでなく、婦人雑誌も置かれていたようだ。

一九二二（大正十一）年の岩手県立図書館では、「最近婦人室に備附けた月刊婦人雑誌は左記の二十種で〔略〕何れ婦人の希望投票を基礎に、標準としていい雑誌も入られる計画」だとして、「若き婦人、女学生、新家庭、婦人画報、淑女画報、女の友、処女地、女教員、女性の日本人、料理の友、主婦の友、婦女界、令女界、女性、〇学世界、新小説、文芸倶楽部、娯楽世界、面白倶楽部、少〇画報」〔〇は判読不明、女か〕の二十種を挙げている。[131]女性たちから購入希望を募って、選書基準にかなった雑誌を入れようとしている点は、利用者本位の試みで、非常に進歩的である。

一九三一（昭和六）年頃の日比谷図書館には、約七百種の雑誌が置かれていた。五月中の女性の雑誌閲覧について、入館者総数一五八六人のうち、女性が三一四人で、雑誌の種類は八十一種を四四六回見ている。

その内訳は、『婦人公論』三十八回、『婦人世界』三十一回、『婦人クラブ』二十九回、『文検世界』二十四回、『婦人画報』二十四回、『主婦之友』二十三回、『婦人サロン』『婦女界』二十一回、『官報』二十回などであった。後述の女性の読書傾向の調査結果と同様に、ここでも、啓蒙的な内容の『婦人公論』が最も読まれている。[132]

ところで、婦人雑誌は女性だけが読むとは限らず、『婦人公論』の読者は男性も少なからずいたようである。[133]実際に、婦人雑誌の巻頭などの啓蒙的な記事は、男性の執筆者によるものも多い。「館内に於ける雑誌閲覧状況を調査して驚くことは男子にして婦人雑誌を読むものが非常に多い[134]」と、他の図書館でも同様のことが指摘されていた。

婦人雑誌は女性だけが読むものという固定観念で、婦人閲覧室に置いておくと、男性には手が届かないことになり、かえって男性の利用者を阻害することになったのではないか。

4 職業婦人の読書傾向―二つの調査から

明治から大正の頃の図書館利用者は、男女ともに学生や資格を得るための受験生が多かった。続いて、大正期以後に図書館利用が伸びたのは、職業を持つ女性たちである。『職業婦人に関する調査』（大正十三年）によれば、大正期に職業婦人が増えた原因として、生活苦よりもむしろ産業革命の影響とこれに伴う女性の自覚（婦人解放運動）が盛んになったことを挙げている。

ここでは、職業婦人に関する二つの読書調査結果から、当時の働く女性たちの読書傾向を確認しておく。

『職業婦人に関する調査（大正十三年）』東京市社会局編・発行

この調査[135]では、職業婦人の生活や身上全般に加えて、購読している新聞や雑誌、書籍についても質問している。調査対象の職業は、教師、タイピスト、事務員、店員、看護婦、交換手である。回答者九百人のうち十七歳から二十四歳が最も多く、七割を占めている。

九百人のうち、新聞は八百人、雑誌は七四七人が購読しており、かなりの高比率である。書籍は三二七人で新聞・雑誌に比べるとかなり少ない。

購読雑誌は、大衆的な内容の「婦人雑誌」が圧倒的に多く、啓蒙的な内容が多い『婦人公論』なども読まれているのは大事なことである。

内訳は、『婦人公論』一九六人、『婦女界』一八一人、『主婦の友』一四四人、『婦人世界』八十六人、『女学世界』四十九人、『婦人倶楽部』三十二人、『女性』三十二人、『婦人之友』二十人である。

当時の代表的な雑誌が出揃っており、職業婦人の情報源の大部分が、雑誌や新聞により得られていたことがわかる。

『職業婦人読書傾向調査（昭和十年）』日本図書館協会編・発行

この調査[136]は、東京市にある白木屋、高島屋、三越など七大百貨店と簡易保険局の十四歳から五十一歳の女性従業員四七七十名の読書傾向を探ったものである。調査人数の八割以上を占めるのが十八歳から二十四歳の人たちであり、半数以上が高等女学校を卒業している。

調査では、愛読雑誌やどんな種類の本を読みたいかなどを質問している。

前述の『職業婦人に関する調査』の十年余り後に行われているが、「愛読雑誌」として婦人雑誌が非常によく読まれているという結果は共通している。『婦人倶楽部』、『主婦之友』、『婦人公論』の三誌が圧倒的に読まれており、挙げられた雑誌全体の七割以上を占めている。

「どんな種類の本を読みたいか」について、「文学・小説・戯曲・詩歌」が一番多く、「家庭経済・料理・裁縫・手芸・服装」も僅差で追っている。

小説に興味はあるが、婦人雑誌や新聞掲載の小説を読むことはあっても、単行本で読むことははるかに少ないという結果である。

5 女性と新聞

前述の『職業婦人に関する調査』（大正十三年）では、女性たちの多くが新聞を読んでいるという事実にも注目すべきである。

東京日日新聞をはじめ、読売、東京朝日、時事新報、万朝報、国民、報知など、大正期は女性が新聞を当然のように読んでいる時代だったということだろう。

一八九八（明治三十一）年に、与謝野晶子は新聞を読んでいて与謝野鉄幹の短歌に出会った。だが、当時は、「女が新聞を読むこと自体、冷ややかな目で見られた[137]」ような時代であった。

一九〇一（明治三十四）年の『婦女新聞』の社説では、女性も新聞を読むように訴えている。「維新前の女子教育は、卑屈に、因循に、室内的に、お雛様的にして、成るべく世間に遠ざからしめんとしたり、かかる教育主義が女子に適当ならば、女子に新聞紙をよましむるは却って危険ならん。されども廿世紀の潮流に乗じて世界の大舞台に上りたる今日の日本婦人は、決してかかる『箱入娘』たらしむべからざるなり。家の奥に蟄居するが『奥様』の本分なりと思わしむべからざるなり。成るべく世馴れしめ、人馴れしめ、酸い甘いの世間的智識を与えざるべからざるなり」と。[138]

政治、経済、社会状況など、さまざまな時事的記事が網羅されている新聞は、元来、男性の読みものであった。だが、一九一四（大正三）年四月には、『読売新聞』に、女性向けの情報欄として、「婦人附録」が登場している。それ以後も、「婦人と家庭」、「女の立場から」「家庭」など各新聞の女性向けの紙面で、情報や意見が掲載されている。

家庭欄だけでなく、世の中の動きがわかる新聞は、女性にとっても魅力的な情報源である。新聞は宅配が多いかもしれないが、自活している職業婦人や、複数の新聞記事を必要とする人もいたはずである。

では、図書館は、女性の利用者に、新聞をどのように提供したのであろうか。

図書館の平面図を見ると、多くの図書館で新聞閲覧室

新聞閲覧室　『石川県立図書館要覧』（昭和五年度末現在）より

は児童閲覧室と隣り合わせに、一階玄関を入ったすぐの場所に設けられており、そのまま土足で閲覧できるようになっている館もある。図書を読むために閲覧室まで行く必要のない、新聞を読むことだけが目的の人びとには便利にできている。新聞閲覧室は、常にさまざまな有職無職の男性閲覧者で混雑しており、女性たちがそこで隣り合って読むことを想定していなかったのだと思える。

6 女性が読書すること・女性と図書館への応援

一九〇九（明治四十二）年に、大阪図書館の今井貫一館長は、米国などの女性のための読書倶楽部の例を挙げて、「我大阪などでは是非こんな倶楽部を設ける必要があるだろうと思う。それは単に婦人に向って読書趣味を高めるばかりでなく、一般家庭に向って書物と接近さす機会を作ると同時に婦人間の交際を拡むる方法ともなるだろう[139]」と述べている。

三輪田高等女学校に図書室ができたのがまだ珍しかった一九一七（大正六）年に、記者がその様子をうかがいに行くと、「世間ではまだ女には知らすな与えるな主義を取ろうとしていま す。之れは一個の人格者として立とうとする婦人を甚だ侮蔑した仕方だと思いますので、私は広く新聞雑誌は勿論私の所有に係る書籍を生徒の前に提供しようとする訳であります」、「行く行く生徒の心に強い信念を養い、取捨選択、批評を自由にし得る人にしたいと思っています。」

と教師が頼もしい言葉を述べている。[140]

女性と図書館への応援もあった。

一九〇四（明治三十七）年に茨城県立図書館が開館したときの新聞記事には、「下女も子守も皆行け」の小見出しがついており、記事の中でも二度同じ言葉が用いられている。

その真意は、「面白半分にせよ、年少者の此館に集まるものは漸次図書館の便益を覚知するに至るべきは明かの道理にして、大に喜ぶべきの現象なりと言わざるを得んや。余は只多くの人をして此館に近づかしむれば足れりとして今後の図書館は下女も子守も、丁稚番頭奥様旦那、種類を問わず階級を論ぜず、陸続として入館せんことを願うものなり[141]」というものである。

開館当初は、学生が多く、他の利用は少なかったが、そこに「行け下女も子守も悉く行け」との叱咤激励は、広く利用者を受け入れようとする、新しい公共図書館の気概があふれている。

一九一一（明治四十四）年開館の神戸市立図書館には、女性利用者に眼を向けた図書館人がいた。「閲覧人を紳士として待遇し」という言葉もあり、男性利用者を尊重する一方で、「公共図書館にして婦人と小児を冷遇して附庸物視するは決して事業を発達せしむる所以にあらず。婦人と小児は図書館の広告者にして、而して図書館をして一部分の専有物たらしめず社会全体のものたらしむるに於て両者は有力なる二勢力なり[142]」と、むしろ経営的な視点で女性や児童を重視している。

一九二〇（大正九）年に、与謝野晶子は、「私は人として男子と同等の生活を経験したいと思います。それには男子と同じ物を読んで、男子と同じ教養を取る外はないのです」、そのためには、「都会の女子は図書館と貸本屋とを利用しなければいけません。私が先年観て来た大英博物館や巴里の国立図書館では閲覧者の大半が女子でした[143]」と叱咤激励している。

一九二六（大正十五）年の記事に、女性が図書館通いの時間を見出すための提言がされている。たとえば、家庭生活の改善や、女子教育の程度をもっと高めることが必要だと述べている。

また、女性の利用者が増加しているが、「図書館そのものの設備は婦人に取って未だ不完全なるを免れない」として、「第一に婦人のライブリヤン〔本文ママ：ライブラリアン〕が出て来なくてはならぬ。研究の指導案内も出来るような婦人で、しかも図書の分類なども家庭的のもの、婦人向きのもの小児用のものなどと云う風に相当実生活に活用の利く分類をその婦人にして貰いたい[144]」と、女性の関心や要望に対応できる女性の図書館員の出現を、解決策として挙げている。

一九三八（昭和十三）年、日比谷図書館の老朽化による閉鎖に際して、婦人運動家の金子しげりは、「図書館を利用する女性は主として貧しい方でここを唯一の勉強部屋としているのです。本を読む人から机を奪ってしまうことはそれだけでも残酷なことではありませんか。それにこうした時局には女性は殊にはっきりした知識を必要とするのです。家庭の婦人はなかなか図書館の利用は出来ないとしても図書館の存在は女性の文化向上のための大きな礎石ではありませんか」、「図書館の閉鎖、これは異なった形式における焚書ではありませんか」[145]と怒りを持って訴えている。

女性が読書をしたり、図書館に通う時間を捻出することが難しかった時代に、応援や激励のことばを述べ、解決策を提言したことが、その後の図書館でのよりよいサービスにつながっていった。

7 女性の読書意欲に応えた多様なサービス

女性の読書意欲に応えたサービスとして、全国各地の図書館で、巡回文庫、移動図書館、読書会、女性の生き方講座などが行われていた。とくに、図書館に来ることが容易でない主婦層に対しては、早くから図書を届ける努力をしていた。

一九〇三（明治三十六）年から二十年近く、山口県立山口図書館長を務めた佐野友三郎は、日本で初めて巡回文庫を始めている。半年間に二千何人かの婦人閲覧者がいるが、家庭の主婦はあまり来ないので、婦人向きの書籍を巡回文庫の小形の箱に詰めて、要望を聞きながら、二三の家庭を一組として、巡回文庫と同様の方法を取った家庭文庫を実施したと語っている。[146]

また、大正初期に私立佐賀図書館長だった伊東平蔵も、社会と図書館を結びつけるために館外貸出を進めるにあたり、女性に着目している。

「家庭を成して子もあると云う婦人はそこの細君として留守を預って居るもので、そう図書館にばかり来られない。即ち日本の家庭の組織が西洋と違うからなかなか来られない。それで之を抛って置けば、言わば新しい知識に接すると云う機会が無くなって終う。（略）そう云う側の人には新知識が供給されない」ので、それを補う方法として館外貸出を実践している。[147]

一九二二（大正十一）年に、市立岡山図書館は、岡山婦人読書会を設立した。旧来の慣習上外出し来館することもできず、図書に親しむ機会もない家庭の主婦に、家庭にいながら読書できる方法と機会を与えるため会を組織し、市立図書館の蔵書や会で購入した雑誌を、会員の自宅に直接配本している。[148]

徳島県立光慶図書館でも、一九三一（昭和六）年から、家庭の事情で来館がむつかしい女性に対して、婦人読書会を設立し、会員に毎月三回図書を宅配するサービスを行っている。婦人読書会の会員は増加し続け、主婦層には潜在的な読書需要があったことがわかっている。[149]

その後、大正から昭和期にかけて、各図書館は遅ればせながら、婦人閲覧室を利用する目的意識を持った利用者に対しても、サービスを始めている。

一九一八（大正七）年頃の香川県教育会図書館〔香川県立図書館の前身〕では、婦人の読書を奨励するため、通常の休館日である月曜日を、とくに女性のために昼夜ともに開館し、当日は閲覧料を徴収しないというサービスを行っている。[150]

また、一九二二（大正十一）年に開館した岩手県立図書館は、「開館当時から婦人利用の開拓になみなみならぬ著目をみせ、婦人特別閲覧室を設けてサービスの完璧を期している」として、婦人閲覧室の利用者に向けて、図書館で婦人読書講座や講演会などを実施し、多くの女性参加者を得ていた。[151]

一九三二（昭和七）年の帝国図書館では、女性の閲覧者が毎日平均二百人を超えたことから、女性たちの便宜をはかるため「婦人の読物」と題した案内書を作成して、読書指導に乗り出している。案内書に挙げた図書の内容は、女性向けに限定的ではなく、全分野に及んでいる。[152]

大正・昭和戦前期には、女性の多様なニーズを反映したサービスを推し進めている。一方、婦人閲覧室はといえば、相変わらず限られたスペースのままで存続されたのであった。

2 婦人閲覧室があった時代の図書館で働く女性たち

（1）女性の職業事情

「女が職をもって働くことがなにか女の道に外れた、女らしくない不当の行為のように感じられた[153]」時代であった。「女が職業につくのをよしとしない空気」は、大正から昭和の時代まであったという。たとえば、女性が自活しようとすれば、「私共職業婦人に対し、或る一部の方は賤しみの眼を以て見て居られます[154]」と当事者の女性は語っている。国をあげて、良妻賢母になることを期待された女性の理想の道から、大きく外れる行為だからであろう。

明治期には職業を持つ女性はまだ一部に限られていたが、大正期には社会の進歩や需要と、女性の意識の向上との相乗効果で、女性が外で働くことはもう無視できなくなっていた。

その証拠に、大正から昭和にかけて、『婦人公論』は創刊号から取り上げ[155]、『主婦の友』や『婦女界』などの女性の愛読雑誌にも、職業案内や就職に関する特集がたびたび掲載されていた。『婦人公論』、『主婦の友』などの読者は、図書館の女性利用者層とも重なるところがある。

一九一八（大正七）年の『主婦の友』の「最近調査婦人職業案内」には、当時の女性の職業として、医師、歯科医、薬剤師、産婆、電話交換手、婦人記者、事務員、店員、看護婦、教師、保母、自動車運転手、モデル、女工などが挙がっているが、[156]図書館員はまだ登場していない。

一九二五（大正十四）年の『婦女界』附録「現代婦人就職案内」には、「新しく開拓されつつある職業」として、婦人図書館員が紹介されている。[157]

一九二四（大正十三）年に発行された書籍、『文化的婦人の職業』には、一三三種類のさまざまな職業を挙げている。図書館員については、「日本も将来は、婦人に依ってこの職業の半ばは持たれることになると思われます、又婦人には実に応わしい仕事であります」と、図書館員教習所で専門知識を得る方法や受験資格、男女共学であること、給与などを紹介している。[158]

同年には、女性図書館員の需要は多く、図書館の増設も見込んで、新たに男女共学の官立図書館学校を設置の計画があるという新聞記事が出ている。[159]

その後、昭和天皇の即位を記念した御大典記念事業で図書館が各地に設置され、司書の需要がますます増えてきた。日比谷図書館からの話として、アメリカの例を挙げ、「図書館が発達すれば、我国にも将来婦人の館長が出来るに相違ありません」[160]と期待に満ちた話を記している。

一九三四（昭和九）年の『婦女界』にも、「知識的な婦人職業」として、図書館員が取り上げられており、[161]知識と技術を活かせる女性の職業として、さらに注目が高まっている。

（2）図書館講習所の開設と女性の受講生

図書館員養成のために、一九二一（大正十）年六月に、文部省図書館員教習所が開設され、一九二五（大正十四）年四月には、文部省図書館講習所と改称している。

開設にあたって、文部当局は、「現在に於て図書館員は大体男子に限られて居るが、米国の如きは多数の女子が活動し、特に児童部の如きは大半女子の手によって経営されて居る。将来我国の図書館も亦女子の活動に俟つべきものが多大であろう。是れ今回特に男女共学とした所以である」[162]と語っている。

男女共学としたのは、女性を児童部担当にするために特別に採用したと、当時の複数の新聞が報じている[163]。

定員三十名のところ、女性は六名いたようである。多くは女学校を卒業したばかりの人たちで、小学校卒業後に市立図書館に勤務しながら、独学で小学校教員免許を取った人もいた。

記者のインタビューに、「あまり仕事につくお友達もないので極りが悪い様な気もしますが…」とことばを濁すと、父親の方が、「そんな事を恥かしがっていて是からの女がどうする。なあに、図書館の方へ勤めさせる希望ばかりでやらせた仕事ではありませんが、（略）そう云う方面には非常な興味を持って居りますから、まあやるならやって見ろと賛成したわけです[164]」

とこれまでにない新しい資格に、期待を抱いて答えている。

第一回の卒業時には、「図書館員としては最も婦人が適しても居り成績も至って良好な処から、全国からひっぱり凧の有様[165]」になり、就職先を手配する文部当局も困っているほどだったという。

第二回目の受講生のうち、女性はたった一名だった。高等女学校補習科を修了後に志望した女性は、「学校に居ます間はお裁縫のような事が好きで、そうした技芸の方ばかりやっていましたが、今日のように女も男と同じに働くようになった時代では、お裁縫よりもっと意義のある仕事がありそうに思われましたので、（略）私も日頃から図書館の価値を認めて、若し皆がこれを利用したら、もっと人間が向上するだろうなどとも考えていた時でしたから[166]」と、志望の動機を語っている。時代の変化を感じ取りながら、図書館員という職業に、明確な志望理由を持って教習所で学ぶ女性が出てきている。

一九二五（大正十四）年には、第四回卒業生二十二名のうち六名の女性がいた。このなかに女性の雇として帝国図書館に採用された河野不二がいた。河野はのちに同館で初の女性司書となった[167]。新聞記事には見当たらなかったが、前年には同じく卒業生の中木美智枝が、女性初の帝国図書館雇として採用され、帝国図書館を辞職後も、図書館員として長らく勤めている[168]。ふたりとも二年後には、すでに述べた「婦人閲覧室を特設するの可否」についての『図書館雑誌』誌上での論争に参加している。

一九二六（大正十五）年に卒業した女性は、なぜ図書館員を志望したかと問われ、「おちついた着実な仕事であるし、将来まじめに学問をしようとする人が多くなればなるほど発達の見込ある職業だと思いました[169]」と答え、司書の将来性を見込んで、堅実な志を持っている。

一九二七（昭和二）年頃、女性の受講者はまだ少なかったが、成績優秀で評判もよく、全国から年々女性の図書館員志願者が増加している状況であった[170]。

ところが、同じ年の同じ新聞のひと月後の記事に、「女図書館員は真ツ平御免と　養成所来年より女人禁制　想像力が乏しいと」というショッキングな見出しの記事が載っている。「女の館員は想像力に乏しく、それにおめかしにのみ浮身をやつし能率が上がらぬという理由で近頃非常に評判悪く、地方の図書館では敬遠主義をとり金が高くても男の館員を雇い入れる方針をとっている」との理由で、翌年から女性の入学を許さない方針だと記されている[171]。

どのような事実をもとに書いたのかは不明だが、講習所設置から六年ほど経っても、女性の卒業生で図書館員となったのは十数名であろう。唯一の図書館員養成機関がようやく世の中に定着した頃に、どういうことだろうか。しかも、「金が高くても男の館員を雇い入れる方針をとっている」というところに、男女の給与にすでに大きな格差があったことが明らかである。

新聞などでの女性図書館員の好評な取り上げ方に、男性図書館員は、職を奪われるとの恐れを抱いたのだろうか。

ただし、女性の卒業生は以後も輩出しているので、女人禁制の事実はなかったようである。一九二九（昭和四）年の「図書館学校を新設」という記事では、文部省の属〔一般事務に従事する判任官〕が、「図書館員養成所卒業生は已に百五十名に達し」たという話のあとに、「アメリカでは図書館学校が二十余校もあり生徒の大多数は女であるが、吾が国はどうしたものか余り女の館員を希望しない傾向があるので、今年は特に上野図書館に女を採用して貰って宣伝方々女子職員の模範振りを示さしている[172]」と、わざわざ付け加えている。

『帝国図書館婦人職員略史』によると、確かに、昭和四年卒の女性の卒業生は、五人採用されている[173]。

一九三四（昭和九）年の記事では、卒業生二十八名のうち女性は五名で、なかでも抜群の優秀な成績を修めた女性を紹介している。「将来は図書館の発展のために一生を捧げたい[174]」と語った女性は小林花子といい、『図書館人物事典』によれば、三井文庫などを経て、帝国図書館や国立国会図書館に長らく勤務し、図書館員として貴重な仕事をいくつも成し遂げている。

(3) 女性図書館員をめぐる意見

東京帝国大学図書館長の和田万吉は、一九一〇(明治四十三)年にすでに図書館での女性の活用を述べていた。欧米諸国では高等教育を受けた女性を盛んに図書館の仕事に使い、アメリカでは館長をはじめ館員の全員が女性のところもあると述べ、「大な図書館でも目録をカードに書入れたり索引をこしらえたり緻密な仕事は婦人にさせると大層成績がいいそうである」、そして、「吾国でも将来翻訳の仕事などと共にこういう事が高等教育をうけた婦人の職業となる時が来るかもしれぬ」と続けている。[175]

一九二一(大正十)年の第十六回全国図書館大会で、「婦人を図書館員として従業せしむるの可否[176]」について論議している。

出席者のうち、大いに可は一名、大体において可が一名、可が二名、不可が一名で、合計の結果は可が四名、不可が一名である。残念ながら議事録には、それぞれの意見内容の報告はされていない。しかし、図書館員教習所が開設された年に、四対一で、女性図書館員の採用を認めた点は評価できる。

女性図書館員についての男女の図書館員の意見は、『図書館雑誌』などに、いくつか発表されている。

一九二二（大正十一）年に、日比谷図書館の今澤慈海館長は、女性を図書館員に採用するかどうかの参考になるからと、欧米の例をもとにした外国雑誌の論文を紹介している。[177]

それによると、アメリカの図書館の場合は、館長または司書の男女比率は九十％だが、イギリスでは二十五％である。

注目すべきは、「図書館の業務は婦人が適切である」ことの根拠として、「注意の周到なこと、才の利くこと、記憶力の敏活で正確なことなどは婦人が図書館員として優れている特点である。又図書館の職務は肉体的労力を要しないと云う点でも婦人に適している。殊に児童図書館、児童閲覧室の係員は婦人でなくてはならない。女性の館員が居ると云うことは、図書館が単に工場的の気分にならないで、智的教養、閑暇な勉学に気持よい場所となるのである。此等の点で婦人の図書館員としての位置は充分認められている。米国に於ては図書館長となり、図書館協会の会員、図書館委員会会員となっている多くの婦人等によって、婦人は優に独創し、組織し、管理する能力を有っていることが唱えられている」などを挙げていることである。

女性図書館員を採用する理由としては、これだけで十分ではないだろうか。

ただ、洋の東西を問わず、一番の理由として、女性に家庭の延長のような役割を求めているところはどうだろうか。

一九二七（昭和二）年に九州帝国大学図書館司書官の竹林熊彦は、『図書館雑誌』に、女性図書館員に関する論考を発表している[178]。

アメリカの事情などはあれども、「日本に於ては婦人図書館員の数は制限され、其の活動範囲もある程度に局限されることと考えられる。（略）『図書館業は……将来必ず婦人の専業となるべし』と予言する如きは実理性に乏しき一個の空論に過ぎないものと断ぜざるを得ない」と切り捨てている。そして、日本の教育事業と同様に、男性がその経営管理をし、女性はその一部を分担するに過ぎず、補助者の立場にあるとしている。

その理由として、「第一にわが国一般の婦人の知識は未だ男子に及ばない」こと、また「婦人の職業意識は男子程に熾烈でないことが第二の難点である。従って永続性に乏しく研究心の旺盛ならぬ恨がある」と述べ、「婦人には家政育児等の重要なる隠れ場所がある為めに充分に其の力量を発揮せずに早くも背を向けるのを遺憾とする」と、批判している。

しかし、具体的な検証例として挙げたのは、職場での女性の行いや性向など、個々人にしか該当しないような事例であり、女性への偏見と蔑視に満ちた意見に思われる。

この二か月後に、のちに山口県立山口図書館長になった鈴木賢祐も、女性図書館員についての意見を表明している[179]。

「その性質によって男子よりも一層婦人に適しているような持ち場があり得る。図書館のそれにおいても、例えば図書出納係、児童係などは、就中この部類に這入る」、アメリカの例を見ても、「婦人も適当な環境に置かれさえすれば、充分図書館事業に適応し得ることを証拠立てて余りがある」と主張し、「わが国においても、今後婦人図書館員は年々その数を増すであろうことは、歴史的必然性において想定され得と、私は信じる」と述べている。

しかし、文中には、「生活戦の第一線に立って益荒おとこのお株を奪おうとするような婦人」、「日々かの女等は男子の職業領域に侵入しつつあるではないか」、女性の賃金が低いことが、「むしろ却ってかの女等をして男子の職を奪わしめる武器ともなるだろう」などの表現が随所に見られ、図書館員の職を女性に奪われることに、内心危機感を抱いているように思える。

一九三二（昭和七）年に、堀口貞子は、「婦人図書館員諸姉へ」と呼びかけを行っている[180]。職業婦人の数が年々増加していくにつれ、「之等の職業婦人は何等の道しるべを要せずに各々の行路を正しく進み得るのであろうか」と問い、職業に進出する女性や知識の追求に熾烈なる女性たちに対して、精神文化の道案内なり、あるいは相談相手なりが存在することの必要を痛感し、女性の読者層の道案内をすることが、女性図書館員の使命であると述べている。

また、前述の竹林、鈴木の二論文に対して、女性の側から何らかの応答があったのだろうかと問い、「私は図書館に勤務して居られる婦人諸姉に切にお願いしたい。諸姉の経験を研究を、仕事の現状を後進の為めに告げて頂き度い」と、切望している。

文面から察すると、堀口貞子は図書館講習所の卒業生のようである。女性図書館員に対しての世間の厳しい評価や、女性図書館員の仕事に対する慎ましやか過ぎる態度に、奮起を促している。また、図書館や女性図書館員への無理解に対しても、反駁する理論と意志を持っていた。

図書館はそれまで長らく男性の職場だった。だが、司書の仕事は女性に向いていると、よく言われるのは、なぜだろうか。

女性が図書館の仕事に適している理由としてよく挙げられるのは、緻密であり、細かい仕事に向いている、親切丁寧、忍耐強いなどであろう。そして、児童への対応や、館内の雰囲気を和らげ、居心地のいい場所づくりをするという、家庭の延長のようなことが、前述の男性図書館員の意見でも、重要なこととして求められていた。児童へのサービスを専門的業務として認めているのではなく、子ども相手にする仕事というような捉え方だったのではないだろうか。

図書館員教習所が設置されたときも、「特に児童部の如きは大半女子の手によって経営されて居る」と、それが男女共学とした理由とされていた。

同様に、もし、男性図書館員が自己の適性について尋ねられたら、まず最初に管理能力があることを挙げるのではないだろうか。

女性が図書館職場に進出してきたときに、男性図書館員がかろうじて受け入れることができたのは、女性図書館員の仕事内容を、補助的業務など一定の範囲に限定していたことにあるのではないか。それゆえに、女性図書館員は最初の頃からキャリアを積むことがむつかしかったと言える。そして、そのときから、女性による良質だが安価な労働力という側面が、現在に至るまで引き継がれている。

（4）図書館で働く女性たち

帝国図書館では、明治の終り頃から大正期にかけて、すでに小使、給仕などの女性が働いていたが、その内容は司書業務に従事していたわけではない[181]。

田山花袋の小説『蒲団』は、一九〇七（明治四十）年から翌年にかけて、雑誌『新小説』に掲載された。ここには、女学校を出て上京した女性が、恋人との暮らしのために「上野図書館で女の見習生が入用だという広告がありましたから、応じてみようと思います」と述べている。まだ図書館講習所ができるはるか以前である。女学校を卒業してはいるが、なんの訓練も受けていない女性が、気軽に応募できるのは、どんな仕事内容だったのだろうか。

一九一三（大正二）年頃の京阪神の図書館にも、女性の事務員がいたようである[182]。「東京では、何れの図書館にも、女子の館員が無いように思うが、京、阪、神の図書館では、到る処で女子事務員の姿を認めた」とある。

京都図書館には三人おり、一人は児童室で子どもの世話をし、他の二人は書庫で図書の仕舞い方をしているが、最初は出納係をしていた。

大阪図書館には五人の女性がいて、児童室係が一人、改札及び出札係が四人、神戸図書館には受付係として一人いたという。また、これらの女性は日給廿銭乃至廿八銭だったとのこと。

職員の待遇について、神戸市立図書館では、司書の職名で月に四十五円、大阪府立図書館の事務員は月二十九円五十銭、京都図書館の書記は月二十五円だったと記している。

山口県立山口図書館でも、「当館でも、大正期、出納手や監守、小使として女性職員が働いていた[183]」との記述がある。ここで、女性職員が担当していたのは、おもに補助業務であり、専門的な仕事内容といえるものではないようである。まして、運営に関わるような立場ではなく、その意味ではこれらの女性たちも見えにくい存在である。

また、同館では、一九二一（大正十）年に、司書一名を新たに採用し、司書の定員を二名に増員している。この当時の職員数は、館長、司書二名、書記二名のほか、出納手八名、監守一名、事務雇一名、小使二名で計十七名であった[184]。図書館員教習所の開設以前でもあり、この中に女性の職員がいたかどうかは不明である。

一九二六（大正十五）年には、「米国では図書館の事務員と云えば殆ど女性独占の職業ででもあるかの様な有様[185]」だと、高く積み上げた本を運ぶ女性図書館員ミラー嬢を、写真付きで紹介している。
一九二七（昭和二）年四月に、欧米の図書館事業を視察して、半年ぶりに帰国した帝国図書館の松本喜一館長が、「婦人図書館員を可愛って〔本文ママ〕下さい」という記事の中で女性図書館員について漫談と称して語っている。[186]
「アメリカの女殊に婦人図書館員の活動振りは、男はだしの素晴らしさ、日本婦人など到底足もとさえもおっつけません。日本の女は意気地がありませんネ。近頃日本の婦人図書館員の評判が悪いという事ですが、女の仕事としては図書館員は最も相似しい職業であるから、やっと近年芽を出したばかりの此の職業に対し、暖い同情をもって盛り立ててやって

書庫の青春
ちみですがその割合に確實な
近代職業『婦人司書』

国民新聞 1935年4月2日 朝刊5面（現・東京新聞）

下さい。みなさんがいじめられると自滅するばかりで……とは最近帰朝した松本帝国図書館長の漫談」

日本の女性図書館員の採用はやっと始まったばかりである。女性図書館員の現状と行く末を案じているにしても、却って貶めるような内容である。

図書館講習所の開設から十四年過ぎた一九三五（昭和十）年の新聞記事[187]「書庫の青春」では、卒業後に全国の図書館で職に就いた女性は、「ざっと七八十名」おり、各府県での採用も合わせると、相当数の女性が「書物の蟲」として、「書庫」で働いていると記している。

紙面には、帝国図書館の書庫で働く二名の図書館講習所卒業生の司書の写真を添えている。[188]記事では、専門的な仕事であり、頭脳が緻密で質実な性格であることと、「書物を愛し親しみを持つ、所謂『本好き』のお嬢さんでないといけませんし、現に本がとても好きというような方が多く応募され『趣味の職業』として毎日のつとめにいそしんでいるのです」と続けている。「本好きのお嬢さん」の「趣味の職業」などと紹介しているが、記者は決してからかっている風でもない。男性司書は、自分の職業とは別物として、この記事を受けとめるのだろうか。

大正から昭和にかけて、アメリカで図書館学を修め、卒業後にアメリカや日本の図書館で活躍していた女性たちもいた。大正期の二宮ケイ子、平野千恵子、加藤花子や、昭和になってからの福田なをみなどである。二宮ケイ子、平野千恵子、加藤花子の三名については、宮崎真紀子が生涯の軌跡を調査した論文に詳しく書かれている。[189]

戦後もかなり過ぎて、ようやく女性が昇進したという新聞記事を読むことができた。一九七二（昭和四十七）年に、日比谷図書館長に貞閑晴がなったという記事である。[190]新聞に載るほどに珍しいことだったのだろう。もしかしたら、日本のどこかで、すでに女性が管理職になった例はあったかもしれないが、それも稀な例であろう。管理職はどこでも男性が占めていることは変わりない。現在では、図書館で働く女性と男性の比率は逆転しているが、運営面や職場での立場や位置づけはそれほど大きく変わってはいないように思う。

明治期から昭和戦前期までの新聞記事などで、一面的ではあるが、婦人閲覧室や図書館の資料を利用する女性や図書館で働く女性の姿を追って来た。

ほとんどの記事は、男性の新聞記者や図書館員の眼を通して語られているため、何気ない言葉にも、女性をとり囲む当時の社会の空気が、はっきりと感じ取れる場合もある。

また、すべてとは言わないが、男性の記者にも図書館員にも、女性利用者や女性図書館員を揶揄したり、上から目線の意識が感じられたところもあった。

それは、たとえば、女性利用者が熱心に勉強したり、予想外に難しい本を読んでいる姿を見たときなどに、「男子と比べて」という無意識の驚きを持って語られている。

それまで別々の教室で学び、社会から期待されるものも異なっていた男女がいて、男性の利用が主体の図書館を、女性も次第に利用するようになった。

大勢の男性利用者のなかに、ごく少数の女性利用者がいる。しかも、よく見ると男性と同じような図書を読み、同じように真剣に学んでいる。それは、男性にとっても、それまでの固定観念をくつがえすような、驚愕の事実だったのではないだろうか。

さまざまな記事を通して、心身ともに制約が非常に多かった時代の女性たちが、異分子のように扱われた環境でも、よりよく生きるための知識や情報を求めて、図書館を利用してエンパワーする姿が、少しは明らかになったのではないだろうか。

大事なのは、誰であっても、本当に必要な情報を入手できることである。

その姿が、少しずつ男性図書館員の意識を変えるようなことも、あったのかも知れない。

図書館でも女性たちに注目し、必要な情報を届けるようなサービスを開始している。

また、志を持って、やっと職業に就いた女性図書館員に対しても、お手並み拝見という気持ちと、一方では、男性の職場に女性が進出してくることが止められない状況に、職を奪われるという危機感が多分にあったようである。

教育制度の発端から、男性に比べて半人前という評価、従属的で補助的な役割、それがそのまま仕事の内容や待遇に反映されて当然視されていた。男性が管理運営を担う職場で、女性にも同様に活躍してもらおうという発想は生まれにくかったのだろう。

新聞は社会の眼である。とくに明治から大正期の、まだ図書館を利用する女性が珍しかった頃に、新聞記事などにたびたび女性利用者や女性図書館員が取り上げられたことは、図書館には司書という専門の職員がいて、図書館を利用することや、読書することが、誰にでも当たり前の行為だということを、結果的に社会に広めてくれたようである。

明治・大正・昭和戦前期に存在した婦人閲覧室は、風紀的な理由もさることながら、根底には、女性の法的立場の低さや、社会における教育や処遇などの男女の格差を当然とした差別をもとに設置されたことは、疑いようのない事実であろう。

日本国憲法の草案を作るためのGHQとの会議で、「女性の権利」の条項について協議したとき、日本政府は、「日本には女性が男性と同じ権利を持つ土壌はない、この条項は日本には適さない」と異議を唱えたと、ベアテ・シロタ・ゴードンは述べている。[191]

土壌、国情、社会的風潮や固定観念に囚われて、いったん婦人閲覧室を設けたら、状況が変わっても、そのまま踏襲して存続し、いつの間にか女性もそれを仕方がないと受け入れてしまうようなことになる。

婦人閲覧室が設置されていた明治から昭和に至る日本近代史のなかでも、大きく時代が動いたときに、図書館・図書館員は女性の変化をどのように捉え考えていたのだろうか。

それでも、鳥居美和子は「やがては図書館が男女の別の無い閲覧室を有する時代が来るであろう」と希望を持ち、宮本百合子も「もうこれからは、どこの図書館も、婦人閲覧室というものは無くなってゆくだろう」と予想していた。

それが、男女平等が定められた憲法ができたことによって、ようやく女性が婦人閲覧室に隔離されることはなくなり、男性と異なる扱いを受けることもなくなり、図書館では、自由に図書を選んで読むことができるようになったのである。

3 現存する婦人閲覧室を訪ねて

個人の篤志家や実業家などが設置した私立図書館は全国にあったが、図書館の建物は数々の災害、二回の大戦を経て、明治期から現存している例はまれである。婦人閲覧室もその存在を、記録や平面図で推し量るばかりであるが、私立図書館の情報にも出逢い、明らかに婦人閲覧室の痕跡がある建物とゆかりの地を訪ね歩いた。明治期から、この席で、この広さで、女性たちが本を読んだことの実感も得たのであった。

旧弘前市立図書館（青森県）

青森県弘前市の弘前城址の追手門広場付近に、突然西洋風おとぎの城のような建物が現れる。一九〇六年に建てられ、五人の篤志家によって弘前市に寄付された。木造洋風三階建で、八角形の双塔をもつルネッサンス様式を基調としながら、随所に和風様式が取り入れられている。当時の名前は「日露戦捷記念弘前市立図書館」であった。一九三一年まで弘前市立図書館として二十五年間利用されたが、その後私立図書館の例にもれず、民間に移譲されて移転した。一九八九年に弘前市が再取得して、市立郷土文学館の施設として保存されている。青森県の重宝に指定されていて、弘前市の洋館群の一つとして観光スポットとなっている。

旧市立図書館の形態を復元し、一階には、当時の関係資料を展示、二階には、地方出版物や同人誌の紹介コーナーがある。受付には、開館当初の図書館趣意書などが掲げられてあり、当時の図書館の雰囲気を読み取ることが出来た。

婦人閲覧室は一階にあり、ガラス窓が天井まで届いて明るく、六席ほどの椅子が並べられている。「婦人閲覧室」と当時のままに、部屋の表示板もあった。またすぐそばに化粧室、そして二階に上るらせん階段もすぐ近くにあり、私立図書館は、女性に配慮していると思った。

〒036－8356　青森県弘前市下白銀町2－1

画像提供：弘前市教育委員会

西尾市岩瀬文庫（愛知県）

西尾市に現存する岩瀬文庫は、一九〇八年五月六日、地元の実業家であった岩瀬弥助が、本を通した社会貢献を志して創設した私立図書館として誕生した。

講堂や音楽堂、女性のための閲覧室や児童館を備えた、西尾の文化の拠点的存在となった。蔵書は、全国から訪れる研究者から地元の女学生まで、あらゆる人に無償で公開されたという。創設当時からの旧書庫、児童文庫を残している。

二〇〇三年四月に、日本初の「古書の博物館」としてリニューアル、二〇〇七年十二月に登録博物館となり、広い敷地にまわりの緑に囲まれた静かな環境が残されている。二〇〇八年五月、文庫創立百周年を迎えている。

創設時の平面図を閲覧すると、和紙に墨で婦人閲覧室の記述があり、おおよその位置が確認できた。また開館の日には、多くの女性も訪れたという新聞記事も保存されていた。

社会に利益を還元し、地域文化の向上に役立ちたいと思い立った岩瀬弥助の気概と、私立図書館の地域における重要な存在と役割を認識したのであった。

現在、重要文化財をふくむ古典籍から近代の実用書まで、時代を超えて幅広い分野の蔵書八万冊余りを保存・公開し、資料を活用して、体験学習するユニークな展示を行っている。

西尾市岩瀬文庫　〒445－0847　愛知県西尾市亀沢町480

資料：塩村耕編『三河に岩瀬文庫あり　図書館の原点を考える』風媒社　2016年

野田市立興風図書館（千葉県）

野田市は、江戸川の畔、醤油の醸造で知られる企業城下町である、街角のどこからか、醤油の香ばしい匂いが漂う。野田市の図書館の歴史は、一九二一年の野田戊申会簡易図書館の開館に始まる。一九二三年、野田町立図書館となり、一九二九年、野田醤油株式会社が財団法人興風会の活動拠点として建てた興風会館に移管されて、財団法人興風会図書館となった。興風会館は市民に愛された施設であった。今でも街なかで威風を誇る建物である。

一九四一年、独立館として財団法人興風会図書館が建設され、二階に婦人読書室（定員四十名、二十七坪）が設置された。潤沢な資金のもとに活発な私立図書館として図書館活動が行われた。一九七九年、野田市に建物・書籍などが無償譲渡され、野田市立興風図書館となった。一九九八年、市立興風図書館が複合施設「欅のホール」内に開館、図書館の入口には、財団法人興風会図書館の看板が飾ってあり、私立図書館から市立図書館へと再度変遷した企業城下町の歴史を伝えている。

野田市立興風図書館　〒278－0035　千葉県野田市中野台168－1

公益財団法人興風会　https://www.kouhoo1929.or.jp/

資料：鈴木英二『財団法人興風会図書館の五十年』財団法人興風会図書館　1991年

『郷土史へのまなざし　博物館誕生のものがたり』野田市郷土博物館　2019年

鎌田共済会図書館（香川県）

坂出駅に近づくと、線路わきの広い敷地に、少し古風な、しかしモダンな建物群が見える。一九九八年十二月に、国の登録有形文化財になった現鎌田共済会郷土博物館である。一九一八年、鎌田勝太郎によって鎌田共済会が設立された。香川県から選出された国会議員、そして地元の実業家で、「讃岐坂出塩業の父」とも称された資産家であった。

一九二二年に、先進図書館の調査・研究も行い、無料で本の貸出をする私立図書館として、最初に鎌田共済会図書館を開館した。この建物が現存している。

至る所で大正時代を思わせる貴重な建築様式や調度品が見られる。この建物に婦人閲覧室があり、時代によって部屋は違っているが平面図も残されている。かつての婦人閲覧室は、狭いながらも、明るく落ち着いた感じの部屋であった。

二〇二二年発行の百年史には、図書館創設の際の資料、設計図、建築中の写真、図書目録、図書館用品の写真などが、貴重なアーカイブとして掲載されている。

画像提供：青木玲子

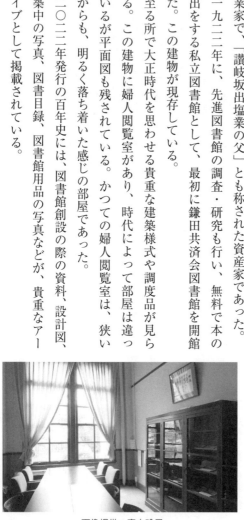

鎌田共済会は、一九二四年に『鎌田共済会雑誌』第一号を発行、「図書館は学者や学生などの専有物ではない」と、すべての人に開かれた図書館をめざす言葉が記されている。現地で閲覧したが、内容は充実しており共済会の事業のみならず、国内外の図書館事情や市民の投稿もあり、地元女性の今ならジェンダー論といわれる投稿を興味深く読んだ。現在は郷土博物館であるが、入口には旧図書館の看板が掲げてある。

〒762－0044　香川県坂出市本町1－1－24

資料：『ここに100年そして未来へ―鎌田共済会　図書館　郷土博物館のあゆみ』鎌田共済会郷土博物館編・発行　2022年

旧鎌倉図書館（神奈川県）

鎌倉駅の山側の出口を降りてしばらく歩くと、皇族の避暑地でもあった御成町である。大きな冠木門があり、木陰に、古い校舎、また新築された鎌倉市立御成小学校が見える。

一九一一年に、同じ御成町の敷地に創設された町立鎌倉図書館は、関東大震災で全壊したが、鎌倉在住の間島愛子が夫の間島弟彦没後に寄付を行い、一九三六年、敷地内に再建された。

一九七四年に現鎌倉市立中央図書館が新設されるまで、長く市民に親しまれてきた。和洋折衷の特徴ある建物で、木造二階建て、瓦葺きの屋根、モルタル塗の壁に縦長の上げ下げ窓や三連窓、一階には当時では珍しい児童読書室、新聞閲覧室があった。婦人閲覧室は二階にあり、日差しの一番明るい部屋で、窓から見える大木の緑が図書館にふさわしい空間をつくった。

残念ながら、建物が老朽化し、以前の図書館のイメージも残しつつ再建工事が行われた。

鎌倉図書館は設立から百年が経ち、歴史的な建物でもあるので、図書館としての保存を要望する市民の声もあったが、二〇二三年、「おなり子どもの家・子どもひろば」として再活用されることとなった。館内には、鎌倉市図書館の歴史的な変遷についての展示コーナーが設置され、婦人閲覧室も記載されている。

〒248－0012　神奈川県鎌倉市御成町18－10

資料：『放課後子どもひろば（おなり）おなり子どもの家（こばと）旧図書館の保存・活用』

鎌倉市こどもみらい部こども支援課　2023年

『鎌倉市図書館100年のあゆみ』鎌倉市中央図書館　2011年

画像提供：鎌倉市

第二章

男女共同参画センター・ライブラリー

1 戦後の図書館と女性

女性が公共図書館を真の意味で平等利用できたのは、戦後であった。「日本国憲法」下による民主主義、男女平等社会の成立が目指され、一九五〇年に「図書館法」が制定され、男女の図書館利用の差別はなくなった。しかし、図書館は戦時の被災もあり、混乱期が続き、各地の復興格差があった。図書館の対応が一律に同じだとは思わないが、戦前・戦後で女性の図書館利用についてどのような変化があったのか、男女別利用統計も継続的な記録もあまりなく、「女性の統計がない」事実からジェンダーの課題は始まる。

個人的な体験ではあるが、一人の女性利用者としての戦後の図書館利用について筆者（青木）の記憶を辿ってみたい

筆者は、一九四五年北海道帯広市生まれであり、小学一年生の時にはじめて帯広図書館を訪れた。家人は誰も図書館を利用してはいなかった。たまたま近所のお姉さんについて行ったのだった。

帯広図書館は、戦後の混乱期の小学校から高校時代まで利用した図書館であった。明治期か

ら市民の力で設立された図書館ではあったが、建物は点々と移動していた。戦後の混乱期でまだ図書館を立て直す余裕はなかったと思う。

はじめて訪れたその戦前に建てられたままの図書館には、カウンター脇に金網式書架があった。読みたいと思う本は、金網の穴から指を突っ込み、背表紙を少し押すと、図書館員がその本を持ってきて貸出してくれた。まだまだ開架式書架ではなかった。筆者は指で本を強く押してしまい、本が落下した。図書館との出逢いの記憶は、大変なことをしたという恐怖の記憶であった。後にこの金網式書架の記憶を帯広市立図書館で確認した。当時の写真が残されていた。

これらのことが、筆者が図書館史を調べるきっかけとなり、また大橋図書館の金網式書架の写真を調べた際に、明治期の婦人閲覧室の写真をも初めて見て、関心を持ったのだった。

図書館は小さな木造平屋の建物であり、高校時代まで試験勉強やら、受験勉強に利用するだけであった。いつも学生であふれ、寒い冬に席の順番待ちもしたが、本を借りることもなく利用者の様子も覚えていない。やっと一九六三年に「図書館法」に基づき帯広市図書館として独立している。図書館の閲覧室が学生の勉強部屋として占拠される時代は、長く続いたのではないだろうか。一九六三年から札幌市で過ごしたが、市立図書館は、現在札幌市の観光拠点となっている時計台であった。閉館を告げる鐘の音は美しかったが、絶えず床がギシギシと軋んだ。閲覧室は学生が多く、女子学生と男子学生が並んで座ることも何ら不思議ではなく、勉強場所の図書館という印象は続いた。

大学生となってはじめてアメリカ文化センターを知った。一九四八年に全国各地に占領政策として民間情報教育局によるＣＩＥ図書館が設置されたが、帯広市での例は知るべくもなく、札幌市でアメリカ色に満ちたセンターを訪れた。明るく本が輝いて、何より空輸されてきた雑誌や新聞などの資料の豊富さに驚いた。そして印象深く思ったのは、レファレンスという言葉は知らなかったが、女性司書がてきぱきと日本語、英語で質問に答えていたことである。開架式の図書館で無料の貸出にも驚いた。その頃の日本の図書館員は自治体の職員で、男性が多く、調査統計を見ると、利用者の割合も男性が多かった。

札幌アメリカ文化センターの利用者も同様に、女性が少なかったように思う。頻繁に訪れたわけではないが、図書館というイメージが新しくなり、職業として図書館で働く可能性も考えた。

もう一つ、道立図書館が広大な北海道の僻地にもブックモビル（移動図書館）を走らせていることに感激して、学生時代に司書資格を取得した。しかし、司書課程でとりわけ図書館の概念やイメージが新しくなったわけではなく、今でも印象に残っているのは、試験時にインクペンで書いた目録カードで、目録法と分類法が合格のポイントであった

(1) 図書館にあふれた母親と子どもたち

一九七四年、首都圏近郊都市である埼玉県越谷市に移転した。一九六三年に発表された『中小都市における公共図書館の運営』(所謂「中小レポート」)は、「公共図書館の本質的な機能は、資料を求めるあらゆる人々やグループに対し、効率的かつ無料で資料を提供するとともに、住民の資料要求を増大させるのが目的である」と述べ、閲覧中心の図書館から貸出中心への転換となった時代である。時々新聞にも日野市、東久留米市、杉並区などの東京都の図書館の活況が報道されるようになった。

まさしく、筆者もその時代に、子どもと共に図書館を利用した一人であった。あらためて地域の図書館を見直すことになった。「買い物籠をさげて図書館へ」というスローガンの下、始まったのは、女性と児童を対象とした図書館の貸出冊数の増加である。その時の状況を佃一可・高山正也は、「公共図書館では　図書館サービスの主軸を児童層、さらに女性層に置いた。これは将来の図書館利用者の開拓を児童と共に来館する女性層という、比較的容易に獲得できる層をターゲットとしたことになる。当然のことながら、蔵書全体に占める児童書の割合は高くなり、複本で書架に並ぶ女性雑誌にも重点が置かれるようになってきた。」と述べている。

その当時の婦人雑誌は、『主婦の友』、『婦人倶楽部』、『婦人生活』など、主婦の生活に役立つ記事を載せたものであった。今振り返ると明治・大正期の「婦人閲覧室」の書架に並んだ雑誌の種類と重なる。

地元の図書館の貸出トップの本は、日本十進分類法（ＮＤＣ）５００分類（技術・工学）であると聞いて不思議に思ったが、その分類に料理本や手芸などの家政学の本が含まれるのであった。

筆者は、民主主義が唱えられた時代に教育を受けた世代であったが、女性が結婚・出産のため離職した場合、再就職はまず不可能で、前職への復帰はもちろん、市立図書館に就職するにも、図書館司書も公務員試験を受験しなければならなかった。経済成長期、父親は仕事、母親は家事・育児を一切引き受けて、主婦として家で家事を担っていた。越谷市立図書館は電車で三駅の市役所にあり、幼い子どもを連れて頻繁に行けるところではなかった。

すでにとなりの春日部市では、団地で地域文庫が母親たちによって運営されていたが、図書館の分館設立の計画があることで閉鎖になった。筆者も時々ボランティアで参加していたこともあり、その文庫の本を二千冊譲りうけて、一九八〇年に、自宅の玄関脇の四畳半の部屋に家庭文庫「さざんか文庫」を、近所の同じ年頃の子どもを持つ母親たちと開くことになった。

(2) 子ども文庫活動と図書館活動

図書館から借りて本をふんだんに読んだ経験もない母親たちは、子どもに本を読ませたいという強い思いがあった。また、当時児童書の出版事情もあり、海外からの翻訳書も豊富に紹介され、子どものための本、また新たに翻訳された外国の本を子どもたちと楽しんだ。石井桃子の『子どもの図書館』は、私たちにも文庫活動が出来るかもしれないと、大人の夢をかなえる本であった。松岡享子による東京子ども図書館での「よみきかせ」の普及などの情報もあった。すでに活動を始めていた親子読書・地域文庫連絡協議会などに学び、すぐに越谷市で家庭文庫連絡会を設立、親子劇場などの地域団体と連絡を取りながら、子どもの本と読書環境の改善を目指した母親たちの活動をともに体験した。越谷市立図書館は、家庭文庫に協力的で、移動図書館車での配本協力も得た。その後、図書館協議会に代表メンバーとして筆者が参加、図書館の現状を知り、意見も述べることが出来た。

アメリカのように「ポストの数ほど図書館」というキャッチを掲げて、母親たちの図書館分館運動や、学校図書館司書の採用など、図書館に関わる要請運動に女性が主体的に関わった時代でもあった。この時代に特筆すべきは、県立長野図書館、千葉県立図書館、その他各地で設置されたＰＴＡ母親文庫である。

『子ども文庫の100年史』を辿ってみると、子どものための文庫は明治期から始まり、図書館も児童室を必ず設置している。現在も100年続く活動と記されている。日本図書館協会図書館の書架には、膨大な子ども文庫の活動記録が保管されている。筆者の文庫活動の経験からも、同世代の母親たちは、子どものための活動で多くの課題や疑問を話し合い、学び合い、また図書館に関わる運動を通して、地域社会への関心を持ち、学び、行動し始めたことを実感していた。図書館と女性の関わり、図書館運動への関わりにより、戦後の図書館の発展に女性の貢献があったことを筆者自ら体験した。女性と図書館の関わりについて、貸出冊数増加の対象とするのではなく、女性が図書館に対して主体的な意見を持ち、実践的な図書館運動を展開したことは、もっと評価されるべきであろう。

戦後の女性の学習活動については、文部省の職員であった志熊敦子が『自分史としての婦人教育』の冒頭で、戦前から「多くの女性たちが長い間、変わることのない伝統社会の家族と家族労働の中で生き続け、その役割を果たしてきた」「いわゆる性別役割の固定化である」「そしてこのような女性の生活は婦人像を画一化、基準化した」と述べている。

女性像の画一化、基準化から戦後社会も女性自身もあゆみ出し始めたのであった。志熊は、国の婦人教育のあゆみを三期に区分している。

第一期　近代化への脱皮（一九四五－一九六〇）婦人に対する教育
第二期　現代化への対応（一九六〇－一九七五）自ら学ぶ婦人
第三期　国際化への対応（一九七五－　）学習し行動する婦人たち

文部省は、一九五四年から一九五六年に、静岡県稲取町（現・東伊豆町）に女性を対象とする実験学級を委嘱した。参加者同士による話し合いを重視した学習で、この実験学級から全国の婦人学級に話し合い学習の手法が普及した。記録は、ＮＷＥＣ（国立女性教育会館）アーカイブシステム〈資料群２〉稲取婦人学級資料で閲覧可能である。

ＮＨＫの放送番組「婦人学級」と共に、第一期、筆者の母親の世代から女性の学習の機会は全国に広がった。第二期、戦後生まれの筆者の世代は、義務教育で民主主義を学び、また高等教育も受けられるようになった。しかし、女性が就職、結婚、子育てとなると、社会の状況は戦前と変わらず、そのことが一人一人の女性の生き方の悩みとなり、母親同士のグループの話題となった。アメリカのフェミニスト、ジャーナリスト、作家であるベティ・フリーダン（Betty Friedan）が一九六三年に『The Feminine Mystique』（邦題『新しい女性の創造』）を出版して大きな反響を呼んでいた。

当時、国立市公民館職員伊藤雅子が『子どもからの自立：おとなの女が学ぶということ』を一九七五年に出版、子どもからの自立、おとなの女、おとなの女が学ぶという言葉は、当時衝撃的な言葉であった。近くの公民館には、子連れの講座参加はなく、保育つきの講座など考えられなかった。多くの母親に受け入れられた本であった。当然、図書館で女性たちは、その本を探し、一九六〇年代のリブ運動、フェミニズムの言論を求め始めていた。

明治期以来、図書館を訪れる女性は少なかったが、第一章で読み取れるように、母親だけではなく、多様な立場の女性がそれぞれの思いを持ち、自分の生き方をも求めて図書館に通った。子ども連れで図書館に通った女性たち、職業資格や学びのため、人生に迷いつつも図書館に通った女性利用者たちは、どのような資料を求め、図書館はどのような資料提供をしたのであろうか。婦人閲覧室のような利用制限も、女性に対する図書館利用の差別ではあるが、もっとも大事な女性利用者に対するサービスは、どのような情報を、資料を提供するかであろう。

2 全国的な男女共同参画センター・ライブラリーの成立

明治期の図書館の「婦人閲覧室」で使われたように、女性を「婦人」と呼ぶ時代は長く続いた。女性のための施設は、婦人会館、団体などは婦人会と法律用語でもあった。一九七〇年代に設立された女性のための施設は、「婦人」が使われていたが、一九八〇年代半ばには、公的機関も婦人を「女性」と変更した。

一九九九年の「男女共同参画社会基本法」制定後、男女ともに利用する施設として「男女共同参画センター」となった。しかし、女性の社会的な地位は低く、まだまだ女性に対する支援が必要という意見をもとに、女性センターを名乗り続ける施設もある。またダイバーシティーの考え方から、男女共同参画センターをダイバーシティーセンターと、すでに改称したセンターもある。

本書では、固有名詞として使われる場合は、その名称を使用し、現在、男女共同参画センターが多数あることから、センターに附属するライブラリーの総称を男女共同参画センター・ライブラリーとする。また名称は違っても、女性のための施設、男女共同参画社会をめざす施設についての総称は、女性関連施設とする。

(1)明治期からの女性のための施設

日本における最初の女性関連施設は、一八九四(明治二十七)年に日本基督教婦人矯風会が廃娼運動の一環として建設した慈愛館と言われる。女性関連施設は、設立団体も多様である。海外からの寄付でYWCA(一九〇五年)など国際的な基督教関係の団体が設立、皇族や華族の女性たちによって結成された大日本婦人教育会(一九一一年)などがあった。大正期には、大正デモクラシーを背景に「市民的婦人団体」の台頭で、女性のための会館建設の機運があった。地方都市にも婦人会館があり、今も女性会館として、女性の地域活動の拠点となっている。

戦後、一九四六年の婦人参政権獲得を記念して、市川房枝は婦選会館を開館した。奥むめおは主婦会館を、また全国の地域婦人会は、各県の交通の便が良く、宿泊施設を持った会館を建設して女性たちが集い、学び、話し合う場所を確保し、自主運営を続けた。

一握りの米を集めて、資金とした会館もあった。明治期から活動の拠点として、困難を抱える女性の相談施設として、女性のための施設は歴史的経過を経て、名称も多様に変化しながらすでに百年の歴史を刻んでいる。

一九六〇年代、公共図書館が雑誌や料理本で、女性の利用を図った時代に、女性にどのような情報サービスが必要なのか、そしてするべきなのか。公共図書館がなし得なかった女性情報を提供するセンターを提案したのが、一九七〇年代に当時東京都民生局長であった縫田曄子であり、その提案に対する先駆けの運営実践事例となったのが、東京都婦人情報センター、国立婦人教育会館婦人教育情報センターであり、現在、全国各地にある男女共同参画センター・ライブラリーである。

(2) 女性情報とは　縫田曄子の提案

女性情報の重要性を提案し、一九七七年に、初代国立婦人教育会館館長となった縫田曄子は、一九四五年、敗戦直前にジャーナリストとしてNHK海外局に勤務した。数少ない女性記者として、海外のニュースを翻訳しながら。その後、一九五〇年には放送ジャーナリストを目指して海外留学も経験した。大学では、「英語」と「ジャーナリズム」を選択し、女性対象番組をレポートした。留学時には、オハイオ・インディアナ州の「婦人番組」を調査して、女性のニュース番組を提案した。「女性の視聴者が内外のニュースを興味深く聞ける番組を作りたいという思いがあったのでしょう」と『情報との出合い ― 語り下ろし』に記している。

女性向けの番組としてＮＨＫ「婦人の時間」は、一九二五年から続いていたが、戦時中の一九四一年からは、女性対象番組から「戦時家庭の時間」に改編され、国策に沿ったものとなった。敗戦後、ＧＨＱによる女性の解放の政策が進められ、一九四五年十月「婦人の時間」が再開された。

一九四五年十二月の衆議院議員選挙法の改正により、女性に参政権が与えられると、番組でも参政権の意識を高めるためのキャンペーンが企画された。市川房枝はじめ、多くの女性がマイクの前に立ち、民主化に向けての法律や制度の解説などが放送された。どのような思いで女性たちは、ニュースを受けとめたのであろうか。まだ紙不足の時代、ラジオは情報源であった。

一九四八年、縫田は希望して局内の「婦人課」で「婦人の時間」の担当となった。

第一回母親大会、原水協　森永ヒ素ミルク事件などの敗戦後の社会状況を反映した番組の作成、また全国展開したＮＨＫ婦人学級などを担当した。

その当時、筆者も母親が、「婦人の時間」の放送を熱心に聴く傍らにいた。後に筆者は、縫田から渡された放送台本に英語の単語の書き込みがあり、その当時の世界の女性たちの最新の知識を伝えていたことに、感激したものだった。一九六〇年代は、アメリカの公民権運動、ウーマンリブの運動の真っ只中でもあった。「婦人の時間」の一部台本については、ＮＷＥＣデジタルアーカイブシステム、〈資料群33〉縫田曄子資料で公開されている。

一九六二年、縫田は、ＮＨＫでニュース解説を担当する女性初の解説委員に就任した。スタートラインで女性には、情報収集のネットワークやチャンネルが皆無であったことを思い知らされたという。女性の視点を踏まえた統計、調査の乏しさを思い知らされ、女性であるが故に大きなハンディキャップがあり、個人の能力、努力とは別に、女であるが故の職場での壁を感じたという。婦人問題に関する適切な情報が欲しい、婦人情報センターが欲しいという思いが女性の情報収集、情報センターづくりへの関心となって発展したという。

ＮＷＥＣデジタルアーカイブシステムの縫田曄子資料には、四百件近い女性に関連する新聞記事が残されている。

縫田曄子（左）　青木玲子（右）
1999年 東京ウィメンズプラザにて

縫田は、一九七一年から一九七六年の五年間、美濃部亮吉東京都知事の第二期に東京都民生局長に就任し、自治体初の女性局長となった、民生局は福祉と女性問題領域の担当局で、当時の民生局女性部長は、後の日比谷図書館長貞閑晴であった。美濃部知事は、都民女性からの婦人会館の設立に対する強い要望に応える選挙公約もあり、女性のための施設として大規模な構想を打ち出した。「男性にはアカチョウチンなど気楽に気晴らしが出来る場があるように、女性たちが気楽に稽古ごとや趣味、スポーツを楽しむことが出来るように『女の城』を作りたい」と知事は繰り返した。縫田は、豪華な建物や温泉プールや娯楽施設ではなく、何が女性にとって必要な機能なのか、女性の活動を支援する機能を備え、女性のための情報センターが欲しいと主張し、知事と論争になったことを『情報との出合い ― 語り下ろし』に記している。

縫田は東京都民生局長を一九七六年に辞任した。その後、新宿副都心の清掃工場跡地に福祉関係者と女性のための施設となる総合施設構想が具体化した。大規模構想には、反対する団体の意見もあり、都民アンケートを実施し、婦人会館建設準備委員会の報告書がまとめられた。都立婦人会館を「都民自らが女性問題の解決を目標に生活を高め、新しい家庭、地域、地方自治めざして力を発揮するための拠点施設として、婦人情報センターとしての設備も備えること」を提言している。しかし、婦人会館の大規模構想は結局実現せず、縫田はふたたびＮＨＫの解説委員になり、その後一九七七年に国立婦人教育会館初代館長として、婦人教育情報センター構想の実現に力を注ぐことになった。館長就任を決意した理由の一つが開館の三つの機能（研修・交流・情報）の中で情報に心ひかれ、図書室を普通の図書室ではない、「女性情報センター」的な機能を持つものにしたいということであった。

縫田はＮＷＥＣ退職後、「女性情報」と「国際交流」にも力を注ぎ、一九八五年にＮＷＥＣ

で開催された国際セミナー「婦人に関する国際的情報ネットワーク ― その現状と課題」の議長を務めている。国際機関、国、民間からのパネリストが出席し、インターナショナル・ウィメンズ・トリビューンセンターのアン・ウォーカー事務局長の力強い言葉「women's information is women's power」（情報は女性の力）を筆者も会場で受け取った。

（3）東京都婦人情報センター　日比谷図書館で開設

一九七九年四月、東京都は、元民生局長の縫田の意見を市川房枝や女性団体などが賛成したことから、日比谷図書館の四階フロアーに小規模ながらキーワード「婦人情報」を打ち出した自治体初の「東京都婦人情報センター」（現在の東京ウィメンズプラザ）を開館した。

その当時、「婦人情報」という言葉は珍しく、また女性のための施設が、日比谷図書館に併設されたことにも関心が寄せられた。日比谷図書館は、第一章でも記載されているように、明治期からの歴史ある図書館で婦人閲覧室があった。東京都婦人情報センターは、東京都行動計画の施策第一号として開設されたが、当時は時代を越えたそんな事情は知らず、今思えば少し因縁があるような気がする。東京都婦人情報センターは、新しい時代の資料提供をする現代の女性閲覧室であったかもしれない。実際に、「ここは、日比谷図書館の婦人資料室ですかと利用者に聞かれた」と開設からの専門員、山口恵美子は、『月刊社会教育』の「私の職場日記」に書いている。開設当時の様子を伝える貴重な記録である。また、開設一年後から東京都行政広報誌『東京の女性』が創刊された。

山口に、なぜ日比谷図書館だったのか、当時の専門員の仕事、また専門員の待遇などを聞いた。「主任専門員が日比谷図書館で働いていたこともあり、ネットワークがあった。組合の合意もあり、何よりも日比谷図書館の協力体制があった。多くの人的ネットワークの支援があった。」、「主任専門員は司書であったが、その他の四人の専門員は、研究者、地域団体活動家など多様な経歴だった、情報・資料収集と共に、開設以来ありとあらゆる相談が入り、それぞれの専門性と経験を活用した。とにかくセンターが得る情報を懸命に発信し続けた。」

山口は裁判所調査官を辞めて、子育て中に地域の子育て支援をしていた。「常勤職として採用、待遇は良くなかったが、当時の保育所や再就職状況など、子育て期に就職するのは難しかった」、「非常勤職員の雇用待遇は向上されなかった」など、今の男女共同参画センターの職員の課題に繋がる。

センター開設一年目の利用統計を見ると、利用者総数は、女性八十三%、男性十三%。職業別では、勤労者・学生で約八十%、日比谷図書館の地理的な環境かと思うが、当初掲げた主婦層への広報効果はあまりなかったようである。その後、情報事業ばかりでなく、講座企画も充実し、以前から活動してきたグループ、また講座をきっかけとした勉強会など、常に新しい課題が議論されていた。交通の便利さと日比谷図書館の活用などが評価されるようになったが、五年後の移転が決まった。

（4）東京都女性情報センター　国連婦人の十年に向けて

「東京都婦人情報センター」は、一九八四年に飯田橋駅の新しく建てられた再開発ビル内の飯田橋庁舎に移った。移転の際、筆者は非常勤職員として、ライブラリーで働くことになった。開設から五年経ったライブラリーの書庫をめぐると、なるほど開設当初からのベテランの司書、専門員が、図書館とは違うコレクションを構築し、分類、整理されていた。当時はまだカード目録での検索であり、行政資料、団体活動資料、雑誌、特にミニコミ誌などの収集・整理・製本を先輩に学びながら作業をしつつ、女性情報の資料の多様性とは何かを学んだ。

飯田橋庁舎に移転してからは、女性相談事業、講座などの啓発事業も充実し、団体の活動スペースも提供することになり、多くの女性たちが訪れた。カウンター当番の時には、利用者の方々から情報提供されることもあり、拠点施設があると女性情報ネットワークが自然に展開していくのが納得できた。特に女性団体活動の機関誌、ニュースレターが次々と発行され、収集にあたってのやりとりで、活動の内容、人と情報を結ぶ女性情報センターの役割が少しずつ見えてきた。

一九八四年は、一九七六年から始まった、国連婦人の十年の最終段階であり、日本は、「女子差別撤廃条約」批准のための国内法の整備のために、「男女雇用機会均等法」（雇用の分野における男女の均等な機会及び待遇の確保等に関する法律）の成立を目指した議論の最中であった。行政資料の担当としての筆者の仕事は、センターが霞が関に近いこともあって、出勤前に労働省に寄り、審議会の動向などの記者発表資料を入手することであった。その当時収集した「男女雇用機会均等法」の成立過程を示す資料は、今回事例にも紹介されている東京ウィメンズプラザ図書資料室に整理され保存されている。

労働者側には、不満足な妥協であったが、「男女雇用機会均等法」は制定され、日本は、一九八五年に、「女子差別撤廃条約」を批准した。労働省の門前に、母性保護を掲げて深夜労働の解禁に反対する女性たちが、徹夜の座り込みをしていた光景を忘れない。

資料を収集することに加えて、女性情報とは女性からの叫びが原点だと思ったことがあった。まだ、コンピュータは導入されず、ひたすらカードを書き、一年に一度、資料目録を作成するのも仕事であった。

飯田橋に移転して間もなく、アメリカからセクシュアルハラスメントの事件が飛び込んだ。

相談員からは、実態はよくわからないが家庭内暴力の話が聞こえてくる、ＤＶという言葉もなかったころである。「女性と暴力」の課題が、女性たちの相談から突出する寸前であった。

その後、女性運動の世界的な盛り上がりは、一九九五年の第四回世界女性会議（北京会議）に続くが、女性情報は世界の女性たちともつながっていることも実感した時代であった。

飯田橋庁舎の時代には、婦人情報センターから、女性情報センターと名称が変わった。また、一九九二年、東京女性財団の設立、そして一九九五年に青山に「東京ウィメンズプラザ」として新築移転が決まった。

新しいプラザは、女性建築士の会により設計され、図書室の書架設計は職員の意見も取り入れ、多様な資料形態にも配慮して設置されている。一九九五年、北京会議開催の頃、資料の電子化を終えて移転した。飯田橋庁舎のセンターを閉室する際、センターの登録団体の方々がお別れ会を開いてくださったことも忘れない。

3 女性情報を探して

(1) 女性図書館員たちの志と活躍

大学図書館員として二十五年のキャリアを持った尼川洋子は、大学を辞職し、一九九三年に開設された兵庫県立女性センター(現在の兵庫県立男女共同参画センター・イーブン)の情報アドバイザーとなった経緯を、FLINT(女性と図書館・ネットワーク)ニュースに以下のように報告している。

「一九八〇年代は、女の時代でもあり、女の本の時代でもあったという。仕事と家事の二重生活に疲れて、出合った本に共感し、一九八一年女性問題懇談会「それいゆ」を主宰して、自らの生き方を問い続けていた。「それいゆ」は、女性問題ブックフェアも開催した。女の本と女たちの出合いの場所を作りたい、図書館員の自分の仕事と女性問題の接点に私がやるべきライフワークがあると考えた。」

一九九〇年代は、その接点となるべき、当時女性センターと言っていた施設が全国の自治体で設立されていた。尼川は横浜市「横浜女性フォーラム」を訪れ、女性センターの基本的な事業（学習、情報、交流、相談、研究）のアクティブな活動にショックを受け、女性情報センターに強い関心を持った。思い切った決断のあと、尼川は女性問題カウンセラーとして兵庫県立女性センターに採用された。しかし、後に利用者にとって大切な情報相談と提供する女性情報の収集などを担う、女性情報アドバイザーに職名変更を申し出た。センターは、今でもこの職名を活かして使用している。その当時設立された各地の男女共同参画センター・ライブラリーでも、アドバイザーやコーディネーターという職名を採用している。

尼川はその後、一九九四年に大阪府立男女共同参画センター（ドーンセンター）で情報担当コーディネーターとして勤務し、ドーンセンターのライブラリーから、ライブラリー運営のノウハウを発信、職員研修なども積極的に行った。東京ウィメンズプラザに勤務していた筆者とも情報交換を続け、その交流から『女性センターで読める女のミニコミリスト／女とミニコミ研究プロジェクト編』（一九九八）が生まれた。

また、センターは図書室でもなく、資料室でもなく、情報ライブラリーと名付けたのもこの当時からである。少しずつ多様な職場で働く女性図書館員や女性情報に関心を持つ研究者、編集者などのネットワークが立ち上がり、情報交換が始まっていた。

国立婦人教育会館、大阪府立ドーンセンター、東京都婦人情報センターなど、創設期のライブラリーに専門員として大学図書館や研究機関から採用されたベテランの女性司書たちが女性情報ライブラリーの実質的なスタイルを作るのに大きな貢献をした。

特記すべきは、雑誌『女性施設ジャーナル』第一号（財）横浜市女性協会編（一九九五年）の発行である。北京会議開催のその頃、全国の女性センターが次々と会館を建てていた。まだ職員も試行錯誤であった。年に一度の発行であったが、女性センターの目的、機能、運営について、そして現場からの課題を提示した雑誌であった。

執筆したのは、女性センター職員のみならず、カウンセラー、相談員、法律家、研究者などで、広く意見を交換する場、情報の提供の場となった。第一号から第八号までの特集テーマをみると、二十一世紀に向けて、男女共同参画社会基本法の成立年には、「女性政策の総点検」、その後、「女性センターから男女共同参画センターへ」など、女性施設の歴史を読み取ることが出来、内容は今でも十分に読み応えのある雑誌となっている。

さらに海外の女性図書館、国際的な女性情報ネットワークとの交流が、女性情報の概念やセンターの専門性を確かなものとした。

（2）女性情報ネットワーク

1 FLINT（女性と図書館・ネットワーク）

ＦＬＩＮＴは豊後レイコ、田口瑛子の呼びかけで発足した女性図書館職のグループで、一九八四年から二〇〇二年まで活動した。

「図書館界で女性の姿を明らかにし、エンパワーの仕組みをつくること」を意図し、「図書館にかかわる仕事をしている人や、図書館に関心のある人で、女の人権について積極的に考える人びとのネットワーク」として発足、メンバー相互の経験や情報の交換・交流とゆるい連帯をめざした。それまで広域での女性図書館職のネットワークがなかったことに存在意義があった。公共・大学・学校・専門・国立などさまざまな館種の図書館員や、女性センター職員、放送局や出版社、図書館関連会社の社員、図書館学教員などが、男女を問わず、個人で参加し、解散後も培われたネットワークはあちこちで生き続けた。

日常的な活動として、メンバーを中心にした話題提供による例会や『ＦＬＩＮＴニュース』の発行を定期的に行うことで、例会案内・報告やグループ活動の呼びかけ、メンバーによる意見などを共有した。ここに参加することで、いま直面している問題を知ることができた。

例会のテーマは多岐にわたっていた。たとえば、男女雇用機会均等法と図書館、非正規職員の問題、デューイとそのフェミニズム、京都大学東南アジア研究センターで研究中のタイやフィリピン、ブルネイなどの図書館員による各国図書館事情、ＩＦＬＡ（国際図書館連盟）年次大会や世界女性会議の参加報告など。

例会の内容は、常に一歩先を行っており、広い視野での知見と仲間を得ることができた。また、関心を同じくするメンバーが小グループを作り、外国文献を読む会などの研究活動や、図書館見学なども随時企画していた。

さらに、性別分析を重視した図書館職の実態調査を行い、一九八九年に日本図書館協会から『日本図書館協会個人会員実態調査報告』が出版された。

②女性図書館職研究会・日本図書館研究会図書館職の記録研究グループ

女性図書館職研究会は、ＦＬＩＮＴの元メンバーも多く参加して、二〇〇六年に発足した。二〇〇九年から日本図書館研究会の研究グループとして並行して活動し、二〇一九年三月に活動を終了した。

活動の目的は、現代図書館史のなかに、司書の自己形成と仕事の記録を残すことにあった。その意義の一つは、図書館史として記録することの大切さであり、いわゆる個人史・自分史ではない、司書としての人生と仕事を書き記すことにあった。現場で関わった当事者が仕事の細部を記録することで、図書館史の貴重な証言となることを意図している。

研究会は、深井耀子、田口瑛子が『アメリカ図書館史に女性を書きこむ』（スザンヌ・ヒルデンブランド編著・田口瑛子訳　京都大学図書館情報学研究会　二〇〇二年）に触発されて、日本の図書館と図書館史研究のなかに、司書の人生と仕事を書き込むことはできないかとの思いから発案された。したがって、記録することのもう一つの意義は、「日本の図書館史に女性を書きこむ」ことである。

研究成果として、当事者自身による書き下ろしを原則とした記録「シリーズ　私と図書館」八冊と、メンバーが解題を分担執筆して、十二人の図書館職に関する記録の書誌を一冊刊行している。

◉シリーズ　私と図書館

1『あるライブラリアンの記録：レファレンス・CIE・アメリカンセンター・司書講習』
豊後レイコ著　二〇〇八
2『図書館職と東南アジア：地域研究情報資源、シニアボランティア、カンボジア』
北野康子著　二〇〇九
3『あるライブラリアンの記録・補遺：写真と資料で綴る長崎・大阪CIE図書館から大

阪ACC図書館初期まで』豊後レイコ著　二〇一〇

4『ネパールと私、そして図書館：青年海外協力隊、シニア海外ボランティア、多文化社会』山田伸枝著　二〇一一

5『現場からの図書館学：私の図書館人生を顧みて』伊藤昭治著　二〇一一

6『図書館から、図書館を超えて：視覚障害学生との出会い、DAISY、国際貢献』語り手：河村宏　二〇一四

7『歩みをふりかえって：都立図書館の司書として—中国、韓国・朝鮮語資料、組合活動を中心に』迫田けい子著　二〇一六

8『多文化の街トロントの図書館で38年：日本人司書の記録』リリーフェルトまり子著　二〇一八

◉書誌リスト

『図書館への思い：図書館職の記録 書誌リスト』大島真理編　二〇一三

（菅野青顔、福田なをみ、小河内芳子、甲斐美和、森耕一、黒田一之、川原和子、今まど子、野本和子、塩見昇、尹勇吉、菅まゆみに関する記録の抄録つき書誌リスト）

③女性センター情報ネットワーク

一九九八年、「東京ウィメンズプラザ図書資料室」が青山に移転してから三年経ち、二十一世紀に向けた最重要課題と謳った男女共同参画社会基本法の議論がすすむなか、「女性センター情報ネットワーク」は立ち上がった。事務局は、資料室の専門員五人で担い、チームワークも良く、日頃から作業室でジェンダー議論が始まることがあり、話題に事欠くことはなかった。東京ウィメンズプラザには、様々な分野で活動する女性たちが訪れていて、カウンターでネットワークづくりが始まっていた。〈語ろう 女性情報〉を合言葉に例会が始まり、都内の女性センターの職員も積極的に参加した。ニュースレター『女性センター情報ネットワーク』の発行、学習会の企画とベテランの司書たちが、楽しんで企画をした。多様な分野で活躍する女性たちと語りたいと、映像ジャーナリスト、出版社編集員、翻訳者、ビデオ制作者に、「この人の話を聴きたい」とメンバーが交渉した。

しかし長くは続かなかった。二〇〇一年、東京女性財団は廃止となって、民営から直営となり、自由で闊達な活動は沈んでしまった。ニュースレターの最終号には、上野千鶴子の講演会の記録があり、なぜ東京女性財団を守れなかったのか、との問いかけがあったことが記録されている。

（3）国際的なKNOW HOWネットワーク

①海外の女性図書館・女性グループとの交流

海外の女性図書館との情報交換から男女共同参画センター・ライブラリーが学んだことも大きかった。一九六〇年代から一九九〇年代にかけて、海外の女性図書館・女性グループも誕生し、世界的な情報ネットワークが発足していた。一九九一年十月、イスタンブールで第一回「The First Symposium of Women's Library」が開催された。女性図書館として長い歴史のあるハーバード大学ラドクリフ研究所所属シュレジンガー図書館が、一九九四年第二回のシンポジウム「Women, Information, and the Future, Collecting and Sharing Resources World wide」の開催を引き継いだ。二回の歴史的なシンポジウムの記録『Women, Information, and the Future』が発刊されている。記録を辿って参加国のネットワークメンバーの多様性に驚いた。残念ながら当時の第一回、第二回の開催情報を把握できてなかったのであるが、四年後、第三回の会議がオランダのアムステルダムで開催され、Ｋｎｏｗ Ｈｏｗ会議となった。

②Ｋｎｏｗ Ｈｏｗ会議　アムステルダム

オランダの女性図書館ＩＩＡＶ:International Information Center and Archives for Women's

Movementが、第一回 Know How Conference on the Women's Information をアムステルダムで開催した。ＩＩＡＶは、現在 atria:Institute on Gender Equality and Women's Historyと改称している。

日本からは、ドーンセンター情報担当コーディネーター尼川洋子とＦＬＩＮＴメンバーの田口瑛子、筆者が参加した。女性情報についての研究や活動を目指すこの会議の体験を参加者として報告・発信し、その後ＩＩＡＶのメンバーとは、長く交流を続けるきっかけとなった。

すでに、アジアでは、インターネットや電子メールの普及が始まり、ＡＷＯＲＣ（アジア女性情報交流）というネットワークが立ち上がっていた。アジアにおけるインターネットを基盤とした女性情報を提供する十か国のネットワークである。日本からはアジア女性資料センターが参加していた。女性のエンパワーメントにむけて、積極的に協力関係を構築しつつ、革新的なＩＣＴの利用拡大と適用方法の開発を進めていた。活動の中心は、ISIS Manila で、ＡＷＯＲＣは、多言語で検索できるデーターベースプログラムの開発に取り組んでおり、フィリピン、日本、韓国のメンバーが、Ｋｎｏｗ Ｈｏｗ 会議でその成果を発表する計画で準備を進めた。筆者は、アジア女性資料センターのメンバーとして参加した。発表は大成功で会場は拍手に包まれた。新しいＩＣＴの時代だと壇上でアジアの仲間と肩を組み合ったことを鮮明に記憶している。

何よりもこの会議は、北京会議から三年目、北京行動綱領には、十二の解決すべき課題の一つとして「女性とメディア」が示されていた。女性情報発信の関心は高まっていて、この会議には、女性図書館員のみならず、情報に関する専門家や女性団体など、八十か国三百人の参加があった。運営主体となった民間団体であるＩＩＡＶのメンバーの国際ネットワーク力、企画力、資金力、運営力に眼をみはり、多くを学んだ。

分科会会場は各国のメンバーの提案企画があり、会場の隅々どこを回っても本やパンフレットなど情報があふれ、ボランティアの方々から提供された食事を囲んで、フレンドリーで、あたたかい会話が出来た。アムステルダムの会議は、企画の事前打ち合わせなどからＩＣＴが活用され、膨大なメールのやり取りがあった。すでにＩＣＴを使いこなし、女性情報のツールとする女性たちであった。

このＫｎｏｗ　Ｈｏｗ会議は、イスタンブール会議以来、四年ごとに、五大陸で開催されることを見据えての戦略であった。基本的テーマと達成する成果目標が十分に討議されて準備されていた。Ｋｎｏｗ　Ｈｏｗ会議アムステルダムの目標は、世界中のすべての地域で、女性情報と活動を可視化するシステムの開発と推進を目指していた。また四つのワークショップは、以下の課題に整理されて、参加者が具体的な運営のテーマを提案して、議論した。

①　女性図書館、公文書館、資料センター、情報センターの専門的な開発
②　収集においての方針決定
③　政策決定への手段としての女性情報
④　女性情報の方針と世界の情報サービス

四項目の課題は、現在でも基本的に取り組まなければならない課題である。特に課題②「収集においての方針決定」について、ＫｎｏｗＨｏｗ会議が強調した点は、農村地域、移民、マイノリティー社会の女性たちをエンパワーメントする情報、また先住民のための先住民によるコレクション構築についてである。

アムステルダムでの大きな成果は、世界の女性図書館の名簿データベース構築を試みた「Mapping the World」と「European women's thesaurus」（ヨーロッパ女性シソーラス）の発表である。「ヨーロッパ女性シソーラス」は、オランダ、ノルウェー、ベルギー、スウェーデン、イタリアの女性図書館が共同で開発したものであり、各地域で、各国の言語で開発されるきっかけとなり、日本でもＮＷＥＣの「女性情報シソーラス」開発の参考となった。現在オンラインでの女性シソーラスは、atria が管理して、検索可能である

女性図書館のデータベースである「Mapping the World」は、残念ながら現在公開されてい

ないが、その後 atria が中心となって、ヨーロッパを中心に二十九か国が参加した「The EU Project Fragen」を立ち上げた。女性学データベースのデジタル化を進めるプロジェクトで、フェミニズムの歴史の比較研究を進めることを目的としている。

アムステルダムの次の大会は、二〇〇二年にアフリカ大陸ウガンダのカンパラにあるマケレ大学で開催されたが、日本からの出席はかなわなかった。

3 Know How会議 メキシコシティー

二〇〇六年八月、メキシコシティーで、メキシコ自治大学が中心となって第四回Ｋｎｏｗ Ｈｏｗ会議「Weaving the Information Society ; A Gender and Multicultural Perspective」が開催された。世界六十か国から二百名、メキシコから三百名が出席した。

日本からは、七名が出席、筆者が国際プログラム委員会アジア代表として事前の準備会議から出席した。橋本ヒロ子（十文字学園大学教授）にアジアからの基調報告「女性センターの方針開発 アジア太平洋の視点」を依頼した。ＩＣＴ社会に対する期待に満ちたアムステルダム会議から八年、基調報告のテーマには、サイバーフェミニズム、デジタルギャップ、ジェンダーと開発などのキーワードもみられた。

ＮＷＥＣ専門員森未知は、ＮＷＥＣの「女性情報シソーラス」を活用した女性情報データベース開発について報告、アムステルダムにも出席した尼川洋子と筆者は、分科会「Development of policies for libraries and professional librarians」において、「Women's；libraries and librarian network in Japan（日本の女性センターライブラリーの実態と課題、職員研修ネットワーク）について発表した。発表に先立って、十年に及ぶライブラリー運営の経験を尼川・筆者でまとめた、「女性情報」についての以下の具体的な収集方針の要点五項目を発表した。

①女性の社会的な現状を伝える情報、②女性の活動・生き方を伝える情報、③女性の人権尊重、課題解決のための情報、④男女共同参画政策の情報、⑤女性の表現・芸術の情報

この分科会では、長い歴史を経ているイギリスのフォーセットライブラリー、グラスゴーライブラリーなどのライブラリアンと話し合う機会となり、民間の運営で資金の問題に苦慮しながらも、アーカイブを守り、積極的に情報発信をしている報告に感激した。その後出来る限り、海外の女性情報センターを訪問する機会を作った。日本の男女共同参画センター・ライブラリーが、自治体によって運営される分科会では全国的な組織であることを再認識し、組織的な職員研修や国内ネットワークは評価されたが、政治的な意向で政策が変化することの危うさも指摘された。

Ｋｎｏｗ　Ｈｏｗ会議は、アムステルダムでも本会議に先だって、先住民族の方たちの旅費を援助して招き、自主的なワークショップの企画を依頼した。メキシコシティーの会議では、

各国から先住民族の女性たちが参加、ＩＣＴの研修プログラムも用意されていた。テーマに多文化という言葉が主張されているが、歴史ある会場で、美しく織られた衣装を着た人々、様々な言語が飛び交い、歌が始まればダンスが始まる、まさしく世界を「織りなす」（Weaving）というタイトルがふさわしいと思った。しかし、日本のアイヌ民族についての質問に筆者が答えられなかったことは、忘れない。日本の多文化、多様性社会について問いただされたと今になって思う。

メキシコシティーは、一九七五年に第一回国連女性会議が開催された記念の土地である。世界的な女性運動の原点と思い、日本からの遠い旅路とは思わずに訪れることが楽しみであった。Ｋｎｏｗ Ｈｏｗ会議第五回は、アジアで開かれる予定であったが開催されず、メキシコの会議が最後となった。しかし、Ｋｎｏｗ Ｈｏｗ会議アムステルダムからメキシコシティーへのプロセスは、女性情報発信の原点であると思う。

その後ＮＷＥＣは、Ｋｎｏｗ Ｈｏｗ会議のメンバーを「女性情報国際フォーラム」に講師として招いている。

Know How Community と呼ばれたネットワークメンバーは、その後主にヨーロッパメンバーを中心として、ＩＦＬＡに女性図書館員によるジェンダー視点の討論の場を移し、ＩＦＬＡのジェンダーに関する特別部会（Women, Information and Libraries Special Interest

Group）に所属した。メーリングリストで情報交換し、ジェンダー視点によるテーマ課題の発表を支援している。ＩＦＬＡ年次大会では、サテライト・ミーティングを開催した。二〇一六年アメリカ・コロンバス大会では、図書館員のキャリア研究フォーラム（黒澤と筆者）が発表、二〇一八年ＩＦＬＡマレーシア大会の分科会では、筆者が東北地方太平洋沖地震のＮＷＥＣ災害復興支援女性アーカイブについて発表した。

4 国立女性教育会館(NWEC、ヌエック)

(1) 国立女性教育会館　女性教育情報センター

筆者市村は、二〇一〇〜二〇一二年度に国立女性教育会館(以下、NWECという、愛称ヌエック)情報課長として勤務した。その前後は東京大学駒場図書館、柏図書館。工学・情報理工学図書館の図書課長で定年を迎えた。長く大学図書館職員として働いた。

本稿では、NWECの情報事業を担う女性教育情報センター(以下、NWEC情報センターという)について私見を述べる。NWEC設立までの経緯は【表1】を参照のこと。

NWEC情報センターは、日本のナショナルセンターとして男女共同参画社会の形成及び女性の多様な学習に必要な女性、家庭・家族に関する国内外の情報の収集・整理・提供を推進する専門図書館である。埼玉県嵐山町に国立婦人教育会館設置(一九七七年)の二年後、一九七九年に情報図書室として開室した。一九八七年に婦人教育情報センター、二〇〇一年に女性教育情報センターと改称している。

【表1】NWEC関係の年表　　W：設立背景にある国際的な動向　J：日本国内の動き
NWEC：国立婦人教育会館設立の経緯

西暦(年)	元号(年)	事柄
1939～1945	昭和14～20	第二次世界大戦　1939.9.1～1945.9.2
1946	昭和21	W: 国連婦人の地位委員会設置
		J: 日本国憲法公布
1947	昭和22	J: 教育基本法・学校教育法発布　男女共学などを定めた
		J:日本国憲法施行
		J: 労働省が発足。山川菊栄が初代婦人少年局長に任命される
1948	昭和23	W: 世界人権宣言
		J: 主婦連合会(主婦連)が結成される。会長奥むめお
1949	昭和24	J: 社会教育法制定
1954	昭和29	J: 文部省が静岡県稲取町に婦人を対象とする実験学級を委嘱
1956	昭和31	J: 文部省が市町村や婦人団体等による婦人学級の開設を全国的に奨励
1961	昭和36	J: 文部省社会教育課から独立して婦人教育課ができる
1966	昭和41	J: 各省婦人問題連絡会議
1967	昭和42	W: 女子差別撤廃宣言
1971	昭和46	NWEC: 社会教育審議会答申
		NWEC: 国立婦人教育施設準備調査費計上
		NWEC: 調査研究協力者会議開催(議長斎藤正氏)
1972	昭和47	NWEC: 国立婦人教育会館(仮称)の設置について公表
1975	昭和50	W: 国際婦人年 第1回世界女性会議開催　/　世界行動計画採択
		J: 婦人問題企画推進本部設置
		NWEC: 埼玉県嵐山町で起工式
1976～1985	昭和51～60	W: 国連女性の十年
1977	昭和52	J: 国内行動計画策定　(婦人問題企画推進本部)　/ 国内行動計画前期重点目標に「新しい教育機会の創出」として、放送大学と国立婦人教育会館を明記
		NWEC: 国立婦人教育会館設置 / 庶務課、事業課の2課で出発
1978	昭和53	NWEC: 情報交流課新設
1979	昭和54	W: 女子差別撤廃条約　(日本の批准1985年)
		NWEC: 情報図書室開室
1985	昭和60	W: 第3回世界女性会議でナイロビ将来戦略策定
		J: 女子差別撤廃条約批准
1987	昭和62	J: 新国内行動計画策定
		NWEC: 「情報図書室」を「婦人教育情報センター」に改称
1992	平成4	J: 婦人問題担当大臣に官房長官を指名
1994	平成6	J: 男女共同参画推進本部設置
1995	平成7	W: 第4回世界女性会議で北京行動綱領策定
1996	平成8	J: 男女共同参画2000年プラン策定
1998	平成10	J: 文部省婦人教育課が男女共同参画学習課に改称
1999	平成11	J: 男女共同参画社会基本法成立、施行
2000	平成12	W: 国連特別総会女性2000年会議開催
		J: 男女共同参画基本計画策定
2001	平成13	J: 内閣府新設、男女共同参画局設置、男女共同参画会議
		NWEC: 国立婦人教育会館から国立女性教育会館に改称、独立行政法人国立女性教育会館設立
		NWEC: 「婦人教育情報センター」を「女性教育情報センター」に改称

1 婦人教育情報センターの基本構想

一九八五年、情報協力者会議が「婦人教育情報センターの基本構想（以下、基本構想という）」を報告した。基本構想では、①女性に関する情報流通体制の必要性、②婦人教育情報システムの在り方、③NWECの情報機能を拡大発展させ、施設的、組織的にも新たな構想を持った婦人教育情報センターを設立することを喫要としている。

情報流通体制の必要性の理由として次の四点があげられ、これからの情報図書室には、機能拡大による全国的かつ国際的な中枢センターの役割が求められた。①女性の学習要求の高まり、②高度情報化社会への対応、③国内にある女性教育施設や高等教育機関と密接な連携、④女性に関する国際的な情報活動の

【写真1】 NWEC全景　右奥が研修棟、左が本館（情報センター）と宿泊棟

重要性。

初代館長（一九七七〜一九八二年在任）縫田曄子は、「館長就任の動機のひとつは、図書室を普通の図書室ではない、『女性情報センター』的な機能をもつものにしたいということでした」と述べている。

2 婦人教育情報システムの在り方

基本構想の中で、中枢センターとして他組織との有機的な連携に基づき、女性に関する情報の円滑な流通を図ることが示された。連携の対象は国内の関連各省庁、国会図書館、全国の女性関連施設、教育委員会、女性団体、女性教育・家庭教育研究機関、さらに海外の女性関係機関、団体である。情報流通の手段は、コンピュータと通信の二つの情報技術を統合した総合的な情報技術を導入することが望ましいとしている。手段はコンピュータやインターネットの普及、図書館運用システム等の導入で実現されている。

3 国際的な情報ネットワーク

基本構想のうち現状で意識が弱くなっているのは、国際的な関係機関とのネットワークの形成強化であろう。ＮＷＥＣ全体では国際的なネットワークに関係する事業を継続しているが、情報に特化したものは、筆者が勤務していた頃の事業計画にはなかった。二〇〇五年までは「国際女性情報処理研修」が行われている。

図書館間の連携やインターネットの普及により、世界中の様々な情報は入手しやすくなった。そのうえで国際的な関係機関とのネットワークの形成強化を事業とするには、情報に特化した国際会議への参加、サービスの維持・更新・開発等、事業テーマの検討と予算増、人員増が必要である。

図書館の業務は、共同目録の構築や図書館間の相互貸借など、図書館ネットワークに基づいている。情報がテーマの国際会議への参加や開催を考えた場合、コロナ禍の経験からオンライン会議の開催や参加が選択しやすくなっている。しかし、NWECに来館してNWEC情報センターの環境を体験し、NWEC職員と交流して、相互に新しい知見を得る機会を作ることは、今後のネットワーク強化に重要であろう。治安がよく、四季と独自の文化があり、美味しい日本食がある日本は、海外旅行先として人気がある。ナショナルセンターNWECと美しい嵐山渓谷、日本料理をセットにした、対面開催のメリットを活かせる事業が検討できると良い。

前述のように、情報事業の機能拡大に向けて新しい事業を設定するときに、予算の増額と職員の増員は必須である。現在、NWEC情報センターを運営する情報課の職員数は、常勤八名、パートタイム七名（新聞担当四名、アーカイブ担当三名）である。司書資格を持ち、ジェンダーの視点を持つ専門職を育成しているが、ナショナルセンターの情報事業を継続的に拡大・推進するには、職員数が少ない。海外の図書館のように司書だけでなく、女性情報専門家、データアナリスト、アーキビスト等、職種を増やすことや、事業テーマごとに他組織の研究者、専門家、担当者を交えて、企画、運営することが必要である。

(2) NWECの情報機能

基本構想ではNWEC情報センターの機能は、女性教育・家庭教育及びその他女性に関する情報の収集、分析、加工、蓄積、提供及び調査研究としている。

ジェンダーの視点を持って情報を選別、収集、整理、分析、加工することで、新しい価値を持たせ、それを共有・提供（貸出、展示、調査研究）することを意味するキュレーション（Curation）を行うともいえる。キュレーションとは、博物館や美術館等の学芸員（curator）の活動として使われている。

NWEC情報センターは図書・雑誌・新聞等の資料・情報を選別、収集、整理する。目録情報を公開し、図書等は書架等に並べ、閲覧・貸出に供している。情報の提供としてブックリストを作成し、図書や資料の内容を要約して案内することや、特定のテーマを調べるときに役立つ、基本的な参考図書や情報源を案内するパスファインダーと呼ばれる資料を作成し、学習支援として提供している。

図書の展示も提供の一つである。展示はNWEC情報センター所蔵の多様な資料を使って、ジェンダー視点を可視化するキュレーションである。テーマに基づき書架から図書を集めなおし、ストーリーを持って展示することで、所蔵する情報を公開、共有する。図書の出版年を超えて、テーマごとにまとめ、並べなおすことができる。これは、書店にはできない図書館機能の強みである。

①NWEC情報事業の三つの柱

一九七九年の設置以来、NWECの情報事業としてNWEC情報センターが提供している様々な情報サービスを紹介する。NWEC情報事業の柱は次の三つである。①男女共同参画社会の形成及び女性の多様な学習に必要な女性、家庭・家族に関する国内外の情報資料の収集・整理・提供、②女性情報ポータル及びデータベースの整備・充実、③女性アーカイブ機能の充実。

②国内外の情報資料の収集・整理

NWEC情報センターの蔵書数は二〇二三年三月現在、図書・地方行政資料十五万冊、雑誌四千二百タイトル、新聞記事五十七万件、和雑誌記事八万件、電子ブック二五十冊である。

これら収集資料の特質に多様さがある。図書、雑誌、新聞の他、行政資料、ＮＷＥＣ出版物、男女共同参画センターの出版物、女性活動史、ミニコミ誌、和雑誌記事、新聞記事がある。

図書の選定は、ＮＷＥＣ情報課職員により行われる。図書選定により作成された選定図書リストについて、女性教育情報センター資料収集委員会委員は意見し、助言する。この委員会は、男女共同参画及び女性・家庭・家族に関する分野において高い見識を有する外部の者五名以内の委員で構成される。

図書の選定作業は、目立たない作業であるが、どういう図書をそろえるか、ＮＷＥＣ情報センターの目的にあう蔵書構成を作っていく大事な業務である。

ＮＷＥＣ情報課職員は、ＮＷＥＣ情報センターの図書の動きをみている。新聞、雑誌等の新着紹介や書評に目を通し、書店からの情報をキャッチする等、地道な業務を行う。この業務を行うことでジェンダー視点が培われ、専門性という実力になっている。

図書は「男女共同参画」「女性教育」という専門から、ＮＤＣ分類では「３６７　家族問題、男性・女性問題、老人問題」に分類されるものが多い。

ここで、東京大学と比較してみよう。東京大学附属図書館の所蔵する蔵書一千万冊のうち、ＮＤＣ分類３６７は、一万一四八六件。ＮＷＥＣ情報センターは、蔵書十五万冊のうち、三万二八一件。この簡単な比較からもNWEC情報センター蔵書構成の専門性がみえる。

書店等の市販ルートに乗らない資料として行政資料、男女共同参画センター、女性団体・グループ、大学の男女共同参画部署の出版物がある。これらを各地の行政や男女共同参画センター等と連携・協力して、細かく情報収集し、現物を入手し、蔵書として備え付けている。

また、草の根の女性たちの活動や運動の発信として刊行されたミニコミ誌も所蔵している。国連婦人の十年（一九七六〜一九八五年）までに刊行が開始されたものから目録を整備し、さらに許諾が得られたものをデジタル化し日本女性のミニコミデータベースとして公開している。

新聞記事クリッピングは、開館の一九七七年から、NWEC内で行い、蓄積してきたものである。NWEC情報センターが収集する全国紙、地方紙の新聞記事を女性・ジェンダー視点でクリッピングし、記事の見出し等をデータベース化しているので、これらの新聞記事は、図書や雑誌の所蔵情報と同様、文献情報データベースから一括して探すことができる。

NWEC出版物は、NWEC情報センターで閲覧ができ、国立女性教育会館リポジトリからも入手できる。

③ 情報資料の提供

NWEC情報センターでは、閲覧、貸出、文献複写サービス、レファレンス、展示で情報資料を提供している。書架を巡って図書の背を閲覧するだけでも新しい発見があると思う。貸出には来館しての館外貸出、図書館間貸出、パッケージ貸出がある。

閲覧の他、文献情報データベースから所蔵する図書や雑誌等の情報が探せる。探しだした文献は、文献複写サービスでコピーすることができる（実費負担）。文献複写Ｗｅｂ申込サービスに利用登録申請すると、コピーを取り寄せることもできる（実費負担）。

機関向けのＮＷＥＣ図書パッケージ貸出サービスは、二〇一〇年試行、二〇一一年に開始した。ＮＷＥＣ情報センターの男女共同参画やジェンダーに関する所蔵図書を、ワークライフバランスやＬＧＢＴｓ等のテーマに合わせて、他機関へ五十～百冊にまとめて貸し出すサービスである。対象は大学、女性関連施設、

【図1】パッケージサービス利用地域（網掛け部分）

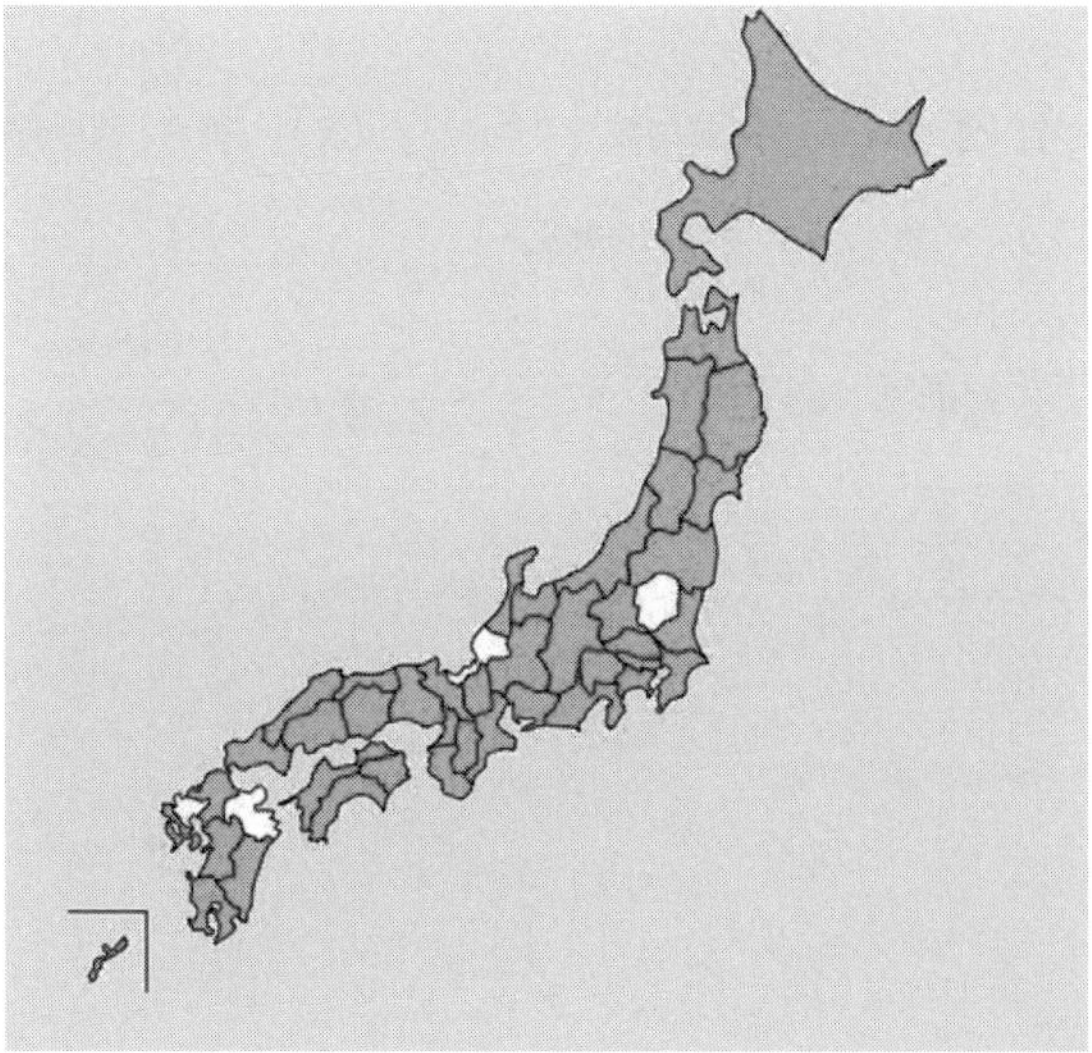

【図2】種別　利用機関数の割合

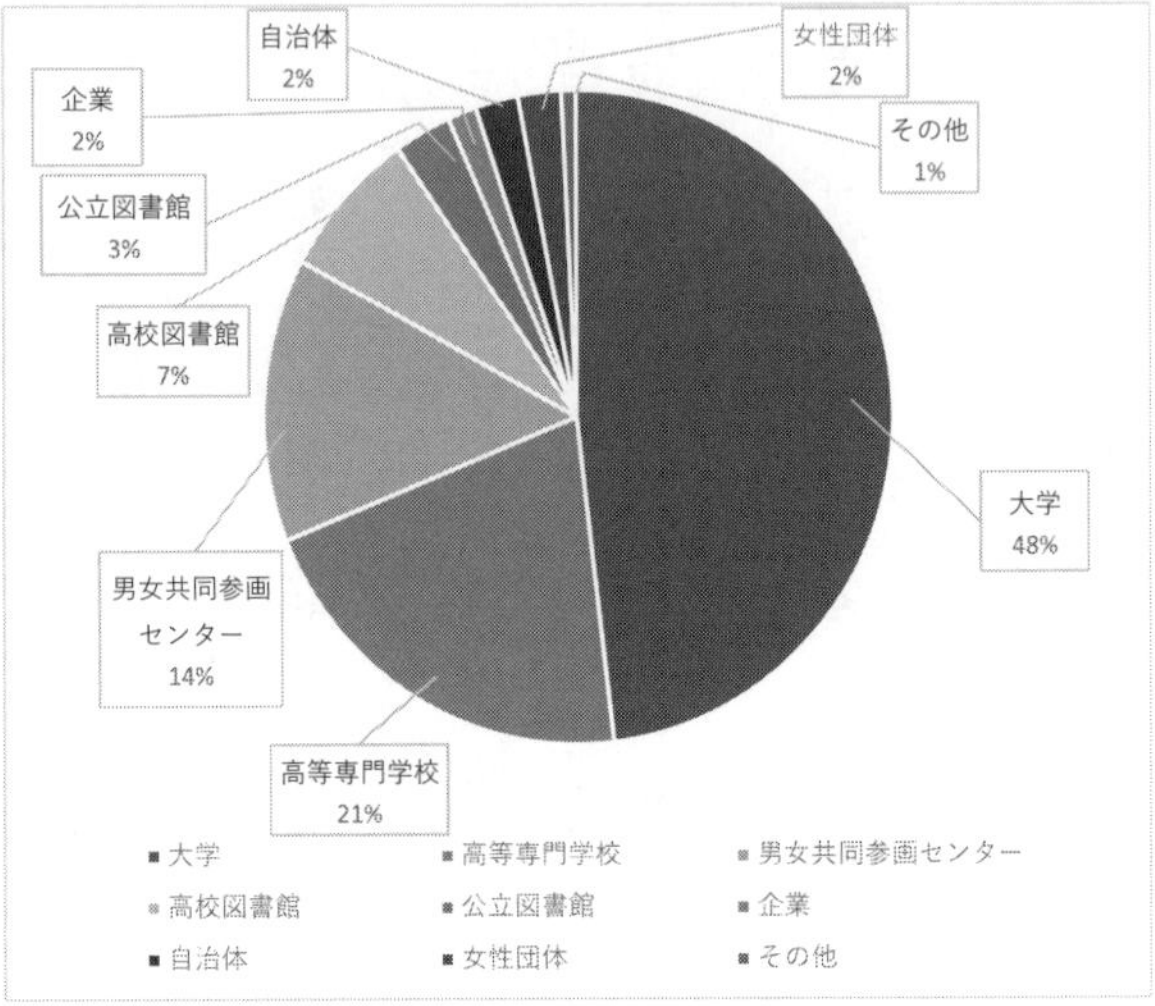

【表2】地域別　利用機関数

地域	利用機関
北海道	13
東北	18
関東（除く東京都）	18
東京	23
中部	11
近畿	13
中国・四国	26
九州・沖縄	13
総計	135

【表3】 種別　利用機関数

種別	利用機関
大学	65
高等専門学校	28
男女共同参画センター	19
高校図書館	10
公立図書館	4
企業	2
自治体	3
女性団体	3
その他	1
	135

公共図書館、高校、企業等の機関・団体。このサービスは、送料の実費を、利用する機関が負担するだけのリーズナブルさで、ジェンダーに関する図書を自館で提供することができる。実用的な男女共同参画やジェンダーの知識や情報を、ＮＷＥＣや男女共同参画センターの存在を知らない人でも、いつも使う図書館で利用できる便利なサービスである。二〇二三年十月現在、全国四十七都道府県のうち、四十三都道府県の大学等、一三五の様々な機関で利用されている。

東京大学工学・情報理工学図書館の工２号館図書室では、二〇一六年よりこのサービスを利用して、男女共同参画図書コーナー「ＧＥＮＫＩ　ＢＯＯＫＳ：Gender Equality : No-nonsense Knowledge and Information」を設置している。工２号館図書室の図書職員がテーマを考え、時には利用者の希望も反映して、ＮＷＥＣから借りて工２号館図書室に置きたい図書を、文献情報データベースを使って選書する。自館の利用者を知っている図書職員が、図書と利用者(人)をマッチングする作業である。なお、現在では、同様のサービスをいくつかの男女共同参画センターでも提供している。

余談となるが、筆者が使う近所の公共図書館の分類３６７の書架には、子どものしつけや子どもを有名大学にいれた親の話が多い。必要な図書は別の図書館から取り寄せることができる。様々な図書館がＮＷＥＣ図書パッケージ貸出サービスを使うと、男女共同参画の情報が身近になると思う。

また、ＮＷＥＣ情報センターでは、調べものについての情報相談（レファレンス）を受け付けている。それらのうち、よくある情報相談は、レファレンス事例集として公開されている。

ＮＷＥＣ本館一階の正面玄関左手の展示ケースでは、テーマ展示として、三か月程度の期間でＮＷＥＣ情報センター所蔵図書の展示を行っている。テーマは、アーカイブセンター展示やその時々のトピックスに合ったもので実施され、その内容は、健康、政治、スポーツ、映画、就職、女性史と多岐にわたる。

（3）女性情報ポータルおよびデータベースの整備・充実

ＮＷＥＣ情報センターが提供するオンラインサービスは、インターネットに接続すれば、世界中のどこからでも使える。必見のものとして、Ｗｉｎｅｔと三つのサービスを紹介する。【表4】の各データベースにアクセスし、その多様性、専門性を体験してほしい。

①女性情報ポータルＷｉｎｅｔ（ウィネット：Women's information network）

ジェンダー情報、女性情報を探す時には、ここにアクセスすることをお勧めする。二〇〇六年公開以来、進化しているこのサービスは、女性の現状と課題を伝え、女性の地位向上と男女

【表4】NWECデータベース一覧

1	**女性情報ポータルWinet (ウィネット: Women's information network)**
	女性の現状と課題を伝え、女性の地位向上と男女共同参画社会形成を目指した情報の総合窓口(ポータル)。
2	**文献情報データベース**
	NWEC情報センター所蔵図書等を調べるオンライン目録OPAC(オパック: Online Public Access Catalog)。
3	**女性情報レファレンス事例集**
	女性関連施設でよく受ける質問をまとめた事例集。
4	**女性情報シソーラス**
	女性に関する情報を効率よく検索するための用語集。
5	**日本女性のミニコミデータベース**
	NWEC情報センター所蔵のミニコミ誌の中で、公開の許諾が得られたものをデジタル化して公開。
6	**国立女性教育会館リポジトリ**
	NWECが発行した報告書や出版物などの全文を公開。
7	**女性情報CASS(横断検索)**
	NWEC提供のデータベースや関連文献情報データベースが横断検索できる。
8	**女性情報ナビゲーション(リンク集)**
	男女共同参画社会形成に役立つWeb情報へのリンク集。
9	**女性のキャリア形成支援サイト**
	女性のキャリア形成に役立つロールモデルや学習支援情報を提供。
10	**女性デジタルアーカイブシステム**
	女性アーカイブセンターが所蔵する資料の目録とデジタル画像を公開。
11	**NWEC災害復興支援女性アーカイブ**
	女性関連施設等による災害復興支援活動を公開。NWECがデータベースシステムを提供し、全国の女性関連施設等が機関として参加し、各機関が作成した資料を登録する。女性の視点から作成された災害復興支援活動の記録で構築されている。
12	**全国女性アーカイブ所在情報データベース**
	日本国内各地の施設・機関・団体に散在して保存されている女性アーカイブの所在情報。
13	**海外女性情報専門データベース**
	NWEC施設内限定で利用可能なデータベース。Contemporary Women's Issues、GenderWatch、The Gerrirsen Collectionを提供している。

共同参画社会形成を目指した情報の総合窓口（ポータル）である。目的別に①本や雑誌、②雑誌記事・新聞記事、③女性関連施設、④統計データが探せる他、様々な新着情報を見ることができる。【図3】

2 文献情報データベース

図書館サービスでいうオンライン目録OPAC（オパック：Online Public Access Catalog）のこと。NWEC情報センターが所蔵する図書や雑誌の所蔵、新聞記事の見出し、和雑誌の論文タイトルが検索できるサービス。「女性情報シソーラス」の組み込みにより、女性情報について初心者でも効率的な検索ができる。

【図3】 Winet

③女性情報レファレンス事例集

ＮＷＥＣ情報センターや男女共同参画センター等で受けた情報相談（レファレンス）を、Ｑ＆Ａの形式でまとめた事例集。男女共同参画センター情報担当者にサポートメンバーを依頼し、ＮＷＥＣ情報センターとメンバー間での検討を踏まえ、作成・公開されている。各事例は、質問、カテゴリー、ヒアリングのポイント、参考資料・情報源、提供情報・回答で構成される。若葉マークのついた基本事例は、情報提供担当者が知っておきたい事例が集められており、各事例のヒアリングのポイントは参考調査業務の基本ともいえる。カテゴリー検索もできる。また、国立国会図書館のレファレンス協同データベースで、これらのデータを見ることもできる。

④女性情報シソーラス

シソーラスとは、意味の類似に従って言葉を分類・配列したもの。情報検索において、キーワードの範囲、関連語との関係を記したリストのことをいう。女性情報シソーラスは、女性に関する情報を効率よく検索するための用語集である。

一九七七年、国立婦人教育会館（仮称）に関する懇談会による「国立婦人教育会館（仮称）の事業運営について」の中で、情報資料の収集及び提供として「情報の処理及び検索が主題別及び多角的に行うことができるように用語体系（シソーラス）を検討し、多様な学習要求にこたえることができるようにする。」と示されている。

シソーラスの開発・改訂には、NWEC内外の研究者が調査研究を行い、取りまとめてきた。これまでに「婦人教育シソーラス　昭和61年度版」（一九八七年）、「同　第二版」（一九九〇年）、「女性情報シソーラス」（二〇〇二年）が出版されている。

一九九〇年までの「婦人教育シソーラス」は、NWECの所蔵情報をデータベース化する際のキーワード付与や情報検索に使用されてきた。しかし、二〇〇二年の「女性情報シソーラス」の開発目的の一つに、NWEC及び男女共同参画センターの女性関連情報データベースを効率的に検索するための共通キーワードの整理と体系化がある。NWECだけで使えるものではなく、全国の女性情報を探しやすくした。この開発には、アメリカの「女性シソーラス A Women's Thesaurus, 1987」や「ヨーロッパ女性シ

【図4】女性情報シソーラス用語検索

ソーラス　European Women's Thesaurus, 1998」等との比較検討があった。
「女性情報シソーラス」は、二〇〇二年四月にホームページ上で公開されている。収録された用語は、文献情報データベース、女性情報レファレンス事例集、女性情報ＣＡＳＳ（横断検索）に組み込まれており、シソーラスを使うことで、検索漏れやノイズを減らし、効率的な検索結果が得られる。シソーラスを持つデータベースは、国内では少ない。女性情報を探す時や分類や件名を考える時、この女性情報シソーラスを読むことで、新たなヒントを得て、芋づる式に探していたものが見つかる可能性がある。是非、アクセスして女性情報シソーラスに集められた語彙を体験してほしい。シソーラスには、その時代々の語彙が収録される。それには、新たな研究領域や課題も含まれる。いずれ女性情報シソーラスが研究の対象となり、Oxford English DictionaryのHistorical Thesaurus のような、いつ頃この語彙が出現したか等の男女共同参画の歴史が、語彙からみられるようになるかもしれない。【図４】

（4）女性アーカイブ機能の充実

1 女性アーカイブセンターの活動

「人間が活動する過程で作成した膨大な記録のうち、現用価値を失った後も将来にわたって

保存する歴史的文化的価値がある記録史料をアーカイブズという。」【丑木幸男】

「男女共同参画社会を推進し、活力ある二一世紀を築いてゆくには、過去において男女共同参画を推進してきた女性の生き方や行動、女性の活動・運動、女性政策・施策、そして女性の活動について知ることが必要です。そして、そのためには歴史的事実を検証するための資料を体系的に収集・整理し提供する『女性アーカイブ』の構築が欠かせません。」【神田道子】

NWEC情報課が運営する女性アーカイブセンターは、女性の歴史を今に生かし、未来につないでいくために、女性に関わる原資料の保存と活用に取り組んでいる。収集対象は、男女共同参画社会の形成に顕著な業績を残した女性・全国的な女性団体や、女性教育・男女共同参画施策等に関する資料。収集した史資料は、整理、保存するとともに、広く活用し、関係機関との連携を図り、男女共同参画の推進に関する啓発、学習、研究支援等を行っている。収集資料の分野は、①女性教育、②女性問題、女性労働、女性運動、女性政策、③女性史編纂関係、④女性関係団体・機関、⑤国立女性教育会館に関わる資料。収集対象の時代は、原則として明治以降、国連婦人の十年（一九七六〜一九八五年）までに作成されたもの。収集対象の地域は、原則として、全国的に影響を持った事例に関わる資料。資料の形態は、原則として、非刊行の公私の記録・文書、音声記録、映像記録等とされる。

アーカイブ資料の収集は、寄贈希望者との打ち合わせ、資料の下見から始まる。女性アーカ

【表5】女性アーカイブセンター　コレクション一覧（コレクション名の五十音順）

1	**礒部幸江資料　<資料群28>** 「家庭科の男女共修をすすめる会」世話人を務めた礒部幸江氏より寄贈された会の活動に関する資料。
2	**稲取婦人学級資料　<資料群2>** 文部省主導で昭和29（1954）年度から昭和31（1956）年度に実施された、静岡県稲取町（現・東伊豆町）における「稲取実験婦人学級」の関連資料。
3	**井上輝子資料　<資料群39>** 井上輝子氏（1942-2021、和光大学名誉教授）より寄贈された、井上氏がつけた40年分（1965-2004）の家計簿。
4	**奥むめおコレクション　<資料群14>** 主婦連合会初代会長で、日本初の女性参議院議員の一人でもあった奥むめお氏（1895-1997）に関する資料。
5	**奥村祥子世界女性会議資料　<資料群27>** 奥村祥子氏が1995年第4回世界女性会議（北京会議）およびNGOフォーラム北京'95に参加した際、現地で収集した資料。
6	**海外婦人教育視察写真　<資料群6>** 文部省が昭和35（1960）年度から行っていた「社会教育指導者（婦人教育指導者）海外派遣事業」で派遣された海外婦人教育視察団が、各国を訪れた際の写真。
7	**栗田政子資料　<資料群20>** 栗田政子氏（生没年不詳）が、明治45（1912）年、学習院女学校第一学年の折に書いた夏休みの絵日記。
8	**国際婦人年切手アルバム　<資料群24>** 1975年の国際婦人年にあたって世界各国で発行された記念切手を収集したアルバム。
9	**国際婦人年記念切手・バッジ　<資料群4>** 国際連合が1975年を国際婦人年と定めたことを記念して作成されたグッズ。
10	**九重年支子資料　<資料群31>** 簡易手織機の発明家であり起業家であった九重年支子氏（1904-2002、本名：坂野 敏子）の手織機・作品・写真などの資料。
11	**塩ハマ子・春秋会コレクション　<資料群18>** 塩ハマ子氏と春秋会（1955年頃、文部省と地方教育委員会で婦人教育の条件整備に関わったメンバーが自主的に結成したグループ）が所蔵・収集した婦人教育の基礎資料。
12	**志熊敦子資料　<資料群23>** 元・文部省婦人教育課長で国立婦人教育会館2代目館長の志熊敦子氏（1926-2014）より寄贈された、婦人教育関係会議の資料。
13	**女性解放をめぐる占領政策インタビュー資料　<資料群35>** 1990年代前半、上村千賀子氏（群馬大学名誉教授、元・国立婦人教育会館情報課長）がGHQ関係者のアメリカ人および日本人女性にインタビューした際の映像・音声資料。
14	**侵略=差別と闘うアジア婦人会議資料（飯島愛子旧蔵）　<資料群17>** 昭和45（1970）年に「侵略=差別と闘うアジア婦人会議」が開催され、その後、同名の運動体として発足した団体の資料。ビラやパンフレットなど、1970年代の女性解放運動の記録。
15	**第4回世界女性会議NGOフォーラム北京'95：国立婦人教育会館特別展示　<資料群3>** 1995年第4回世界女性会議（北京会議）およびNGOフォーラム北京'95に関する特別展示を平成12（2000）年に当館で開催した際、各自治体や民間団体から寄贈された関連資料。
16	**第4回世界女性会議'95（北京会議）　<資料群30>** No.15以降に団体・個人から寄贈された、1995年第4回世界女性会議（北京会議）およびNGOフォーラム北京'95に関する資料。

17	第3回世界女性会議関係資料　<資料群26>	ドーンセンター情報ライブラリーが保管していた、1985年第3回世界女性会議（ナイロビ会議）の関連資料。
18	全国婦人新聞社取材写真コレクション　<資料群12>	女性の立場から報道する女性問題専門紙『女性ニューズ』（全国婦人新聞社発行）の昭和55（1980）年頃から平成18（2006）年までに撮影された写真や新聞原紙等。
19	戦時下勤労動員少女の会資料　<資料群36>	太平洋戦争開戦50周年にあたる1991年発足した「戦時下勤労動員少女の会」に関するもの、集められた手記、アンケート、手紙など。
20	丹波船井生活改善グループ活動資料　<資料群15>	農林省主導で戦後に開始された、農家の主婦を対象とした生活改善普及運動に関する資料、京都府丹波地域で30年あまり活動した「丹波船井生活改善グループ」の活動記録。
21	中村喜美子資料　<資料群32>	横浜生協（現・ユーコープ）組合員だった中村喜美子氏（1929-　）氏がつけた56年分（1954-2009）の家計簿、ならびに横浜生協での家計簿運動に関する記録。
22	西澤百枝資料　<資料群22>	東京助医女学校で学び、故郷の長野県北安曇郡小谷村で助産婦を開業した西澤百枝氏（1904-1994）が使用した、女学校時代の教科書など。
23	日本キリスト教婦人矯風会資料（売春防止法関係）　<資料群13>	売春防止法制定前の昭和26(1951)年頃から昭和47(1972)年頃までの、主として売春防止法に関する資料。日本キリスト教婦人矯風会が保管していた資料と思われる。
24	日本女性学習財団資料　<資料群34>	『女性の学びを拓く：日本女性学習財団70年のあゆみ』のために整理された写真を主とした資料。
25	縫田曄子資料　<資料群33>	国立婦人教育会館初代館長の縫田曄子氏（1922-）より寄贈された台本と新聞切り抜き。
26	犯罪防止及び犯罪者処遇に関する第2回国連アジア極東地域会議関係資料　<資料群16>	昭和32（1957）年開催「犯罪防止及び犯罪者処遇に関する第2回国連アジア極東地域会議」の資料。この時の日本のナショナル・ステートメントは人身売買・売春・少年非行。
27	婦人学級関係資料　<資料群29>	婦人教育研究所発行の婦人学級テキストと婦人学級関係の写真。
28	ベアテ・シロタ・ゴードン資料　<資料群40>	日本国憲法草案作成に携わり、第14条「法の下の平等」、第24条「両性の平等の原則」の基となった条文を作成したゴードン氏の資料。
29	ベティ・フリーダン写真・サイン　<資料群8>	1985年第3回世界女性会議（ナイロビ会議）の際、アメリカの女性運動家ベティ・フリーダン氏（1921-2006）から中村道子氏に贈られた資料。
30	松尾須磨資料　<資料群19>	津田塾大学の前身である津田英学塾に学んだ松尾須磨氏（1913-2006）が、在学中に使用していた教科書など。
31	文部省研究社会学級	文部省による、稲取婦人学級（資料群2）以外の実験婦人学級に関する資料。
32	和田典子資料　<資料群21>	家庭科の男女共修の実現を訴え続けた和田典子氏（1915-2005）の活動記録や著作等の資料。

イブセンター資料選定委員会に諮り、受け入れが決定される。受け入れた資料は、目録作成、装備を経て、デジタルアーカイブで目録と画像が公開される。

コレクションは、【表5】のとおり。戦前・戦中・戦後を通して暮らしに根づいた女性運動を展開し、参議院議員として、消費者運動を展開した奥むめおコレクション、戦時下勤労動員少女の会資料、日本国憲法草案作成に携わり、第十四条「法の下の平等」、第二十四条「両性の平等の原則」の条文を作成したベアテ・シロタ・ゴードン資料等がある。

2 アーカイブ保存修復研修

二〇〇九年度から、女性アーカイブセンターの活動の一環として、アーカイブの保存や整理についての情報が必要な方を対象に研修を実施している。

3 アーカイブセンターの企画展示

本館一階にある「展示室」では、年に一回、様々な分野でチャレンジした女性たちのあゆみをシリーズとして伝える企画展示を、他機関と連携して実施している。

また、企画展示以外の期間は、女性アーカイブセンター所蔵資料を展示している。

（5）ナショナルセンターとして、機能を高めるための提案

都心から離れ、日常生活とは異なる研修環境が必要である一方、日常生活の中に男女共同参画やジェンダーの情報提供の機会を増やすために考えられることを筆者の私見として提案したい。

1　都内のわかりやすい、通いやすい場所にＮＷＥＣとＮＷＥＣ情報センター（ライブラリー）の分館を作る。場所は都内。東京駅、上野駅、羽田空港から公共交通機関で六十分程度で行ける場所。わかりやすい有名な場所が良い。地名で言えば「日本橋」、「上野」。組織名で言えば「東京大学」等、だれでも知っていそうな場所が便利でよいと思う。生活の場の近くにＮＷＥＣの情報機能があることが重要である。

2　ＮＷＥＣ情報センターの名称は「ジェンダー・ライブラリー」のような、わかりやすい、一般的なものにする。時代や組織によって使われる言葉は変わる。できるだけ一般的でなじみやすいものが良いと思う。

3　都内のＮＷＥＣライブラリーは、三〜五万冊程度の蔵書数と五百㎡程度の広さの閲覧室、三百㎡程度の閉架書架（書庫）がほしい。閲覧室には、閲覧席、貸出・レファレンスカウ

ンターを備える。書架は一八十㎝程度の直立書架で、床から三十㎝程度までは棚がないものが良い。閲覧席は一～三人程度がゆったりと使える机と固くない椅子にする。静かに学習ができ、過ごしやすい、建物と家具が調和した美しいライブラリーにする。また、武蔵嵐山の展示をモニター等で、電子展示することもできると良い。

4　武蔵嵐山のNWEC情報センター、アーカイブセンターは、研修施設とともに専門図書館として残し、NWEC情報サービスのバックアップ機能を強化する。

5　情報センターの蔵書構成、専門性、サービス向上を崩さないために、職員は常勤、非常勤とも意思の疎通が円滑に行える関係で、武蔵嵐山と都内分館を交代制で勤務し、情報共有が簡単にできるような体制にする。

6　男女共同参画やジェンダーの情報や知識を日本中に日常的に提供するために、全国三五六の男女共同参画センターと連携して、全国の大学図書館、公共図書館、高校、小中学校の図書室に、男女共同参画やジェンダーの図書パッケージ貸出サービスを展開する。GENKI BOOKSの名称も使ってほしい。

どこの組織でも、プレゼンスをあげるのは仕事なので、連携してウィンウィンの関係を作っていくと良い。

7　前項6を実現するため、NWECが持つあらゆるネットワークを活用する。

人事異動、世代交代がある中でも、これまで連携してきた男女共同参画センターとのネットワークの継続・強化を怠らない。図書館関係では、埼玉県の大学図書館協議会、国立大学図書館協会、私立大学図書館協会、日本図書館協会、専門図書館協議会等との協力を開拓・継続する。そして広くはNWECのOG、OBとの連携を事業に結びつけることも考えられるのではないだろうか。情報に関するセミナーは、図書館員のキャリア研究フォーラムと共催等で開催している事例がある。

5 男女共同参画センター・ライブラリーの現在

（1）男女共同参画センターの全国的な展開

一九七六年から一九八五年までの「国連女性の十年」には、世界的な女性の地位向上の運動と政策の発展があり、日本でも「国内行動計画」を策定、女性政策実現のための事業実施の拠点施設として、一九七七年「国立婦人教育会館」の設立、一九九〇年代には、全国の男女共同参画センターの開館が続いた。

二〇二二年四月一日現在で内閣府の調査による男女共同参画センターの設置状況は、四十五都道府県、二十政令指定都市、二七五区市町村に合計三五六施設が設置されている。

それぞれの設置年以降の合計数の推移をみると、一九九〇年代から二〇〇〇年代中頃にかけて多く設置されており、二十年間で六・五倍に増加している。一九九九年の男女共同参画社会基本法制定による効果と思われる。

■ 内閣府男女共同参画局の調査による
https://www.gender.go.jp/kaigi/senmon/wg-nwec/pdf/wg_gaiyou.pdf

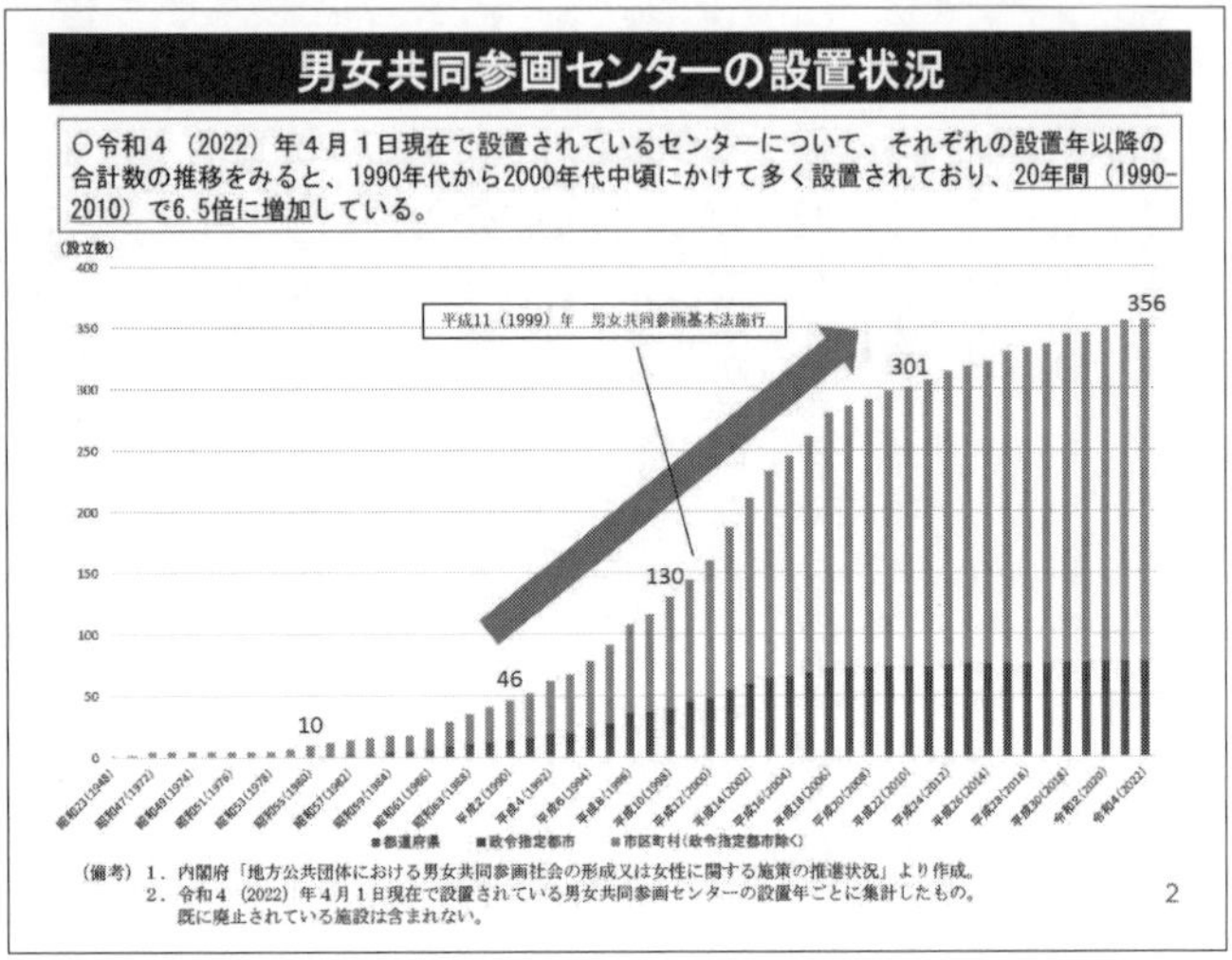

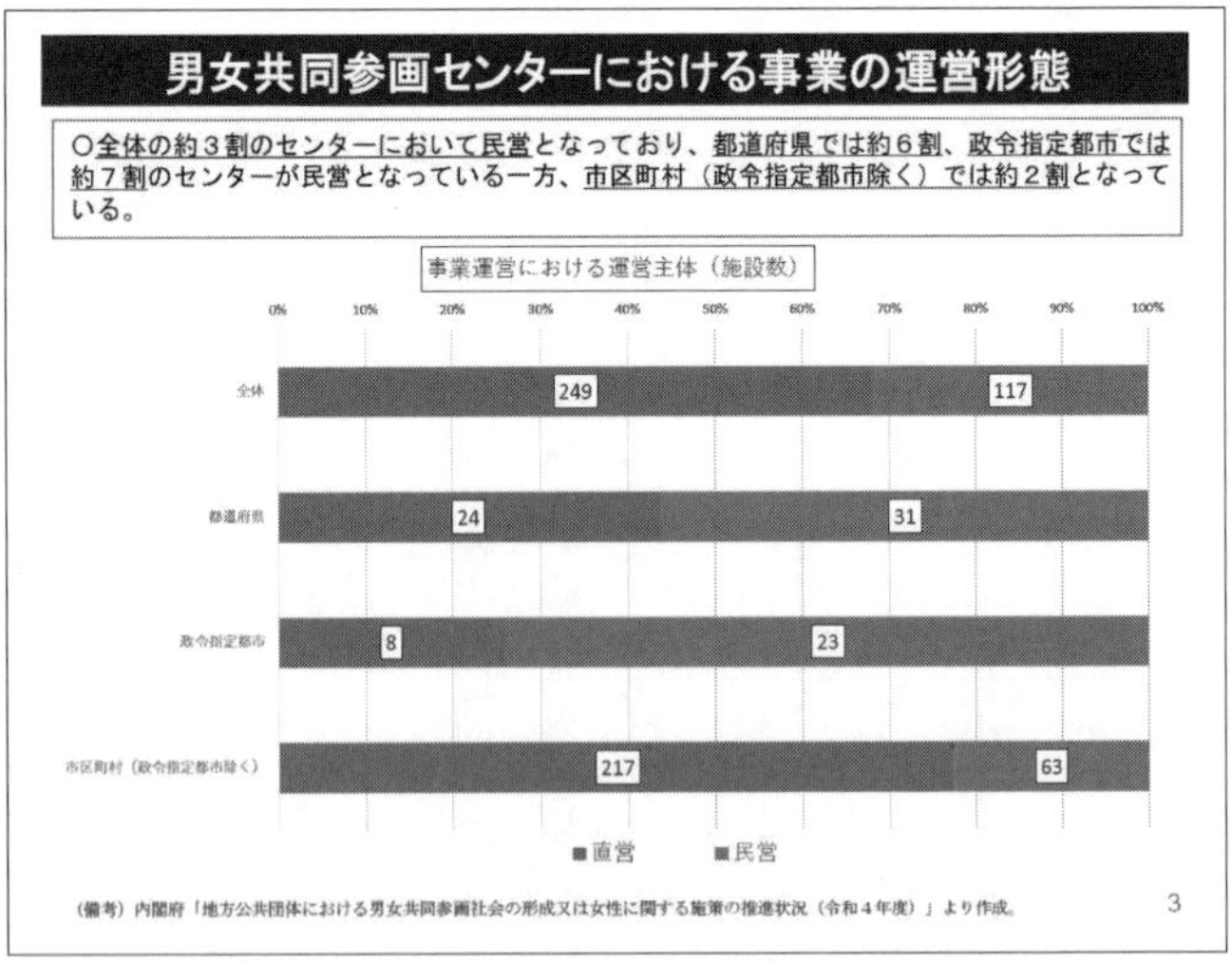

最近の変化は、運営の民営化である。全体の約三割のセンターにおいて民営となっており、都道府県では約六割、政令指定都市では約七割のセンターが民営となっている一方、市区町村（政令指定都市除く）では約二割となっている。民間の活力を導入と言われているが、職員雇用の問題は継続して解決していない。

男女共同参画センターとは、「男女共同参画のための総合的な施設として、地域の様々な課題に対応するための実践的活動を行っている。法律上の根拠はなく、都道府県や市区町村が条例等を制定し、設置している」、また以下1～5は、男女共同参画センターが設置目的とする具体的な事業であり、現場では、交流・学習・相談・情報・調査とキーワードで使われ、規模の大小に関わらず、目指す事業体系である。

1　広報・啓発・交流
　男女共同参画の推進を目的としたフォーラム・シンポジウムの開催、広報誌の発行
2　学習
　教養・知識等を身につけるための講座の開催、技術・資格の取得
3　相談事業

女性の生き方相談、子育て等家庭に関する相談、女性の健康に関する相談、女性に関する法律相談等の対応等

4　情報収集・提供

書籍資料・情報の収集、図書館やHP等を通じた情報提供

5　調査研究

男女共同参画に関する意識調査や統計、他地域の男女共同参画に関する事例研究等の調査・研究等

(2) 情報事業・ライブラリーの運営

ライブラリーの運営については、センターの規模によって多様である。情報ライブラリーとして、閲覧室などもある独立したスペースを持つセンターもあり、またコーナーの一部を書架としているセンターもあるが、ライブラリー運営は、情報事業として実施されている。NWECの「女性関連施設データベース」の情報事業検索によると、ライブラリーや図書コーナーとして、資料提供しているセンターは、三一一施設となっている。

このデータベースでは、自治体運営のセンターに加えて、働く婦人の家、民間の女性施設も

加えて、総数三六九（二〇二二年）施設が対象となっている。

施設種別、収集・提供している資料、蔵書数、重点的に収集している分野、分類の方法、図書の探し方、情報提供の種類、情報関連活動、専任職員の有無、所在地についての検索項目がある。

ライブラリーの蔵書冊数については、五万冊から十万冊以上が十館、二万冊から五万冊が二十一館、一万冊から二万冊が二十九館、五千冊から一万冊が二十四館ある。五千冊以上の蔵書を蓄積しているセンターは、全国で八十四館になる。まさしく、縫田が提案した「女性情報の提供」として、一九七〇年代から日本の女性政策や女性の活動の歴史を残す四十年間のコレクションの蓄積である。

一九七〇年代、各地で先駆けて設立された男女共同参画センター・ライブラリーは、運営のノウハウを築かなければならなかった。「女性情報とは何か」を問いながら、女性の視点を基盤として、まず、女性情報の具体的な資料形態を探すことであった。一九六〇年代から一九七〇年代のウーマンリブ活動があり、また各分野で活動する女性グループが発足した。まだＩＣＴの時代ではなく、ミニコミ誌やニュースレターなどの紙ベースの発行・出版は盛んで、各地のライブラリーで収集され、蓄積されている。国や地方公共団体資料、雑誌、女性団体の活動誌、新聞の切り抜き、ポスター、チラシ、パンフレットなど、図書とは異なる、所謂灰色文献も収集した。これらの多様な資料は公共図書館では収集しているところは少ない。

公開するための装丁の方法の検討、また何よりも当時の日本十進分類法（ＮＤＣ）では、セクシュアルハラスメント、女性への暴力、日常生活で潜在化していた女性問題の新しい課題の可視化に対応できず、分類の展開、また独自の件名分類もシソーラスも必要であった。ＮＤＣ分類でなく、独自の方法で分類しているセンターは二三五と多数であるのが理解できる。図書の探し方で、データベースをｗｅｂで公開しているセンターは、九十三施設である。

ＩＣＴの時代でもある。蔵書冊数の多数に関わらず、蓄積したコレクションを今後どのように発信することが出来るのだろうか。これもこれからの課題で、デジタル人材を目指す研修が必要であろう。

男女共同参画センター・ライブラリーは、本を貸し出すばかりではなく、個々の利用者と本を結び、センターの事業企画や相談員とも連携しながら、情報発信してきた。例えば、セクシュアルハラスメント、ドメスティックバイオレンス（ＤＶ）については、センターには相談窓口があり、ライブラリーは、ＤＶ被害者に情報を届けるために、あらゆる方法で工夫した。

公共図書館ではＤＶに関する本がどこの書架にあるか見つけにくい、また人の目があり借りにくいと言う話も聞いていた。女子トイレに、相談窓口のカードを置き、相談者をいたわりながら情報発信したことは、ライブラリーの重要なサービスであり、今も続いている。そんな発信の工夫を各地で続けてきた男女共同参画センター・ライブラリーの情報事業を紹介する。

（3）各地のライブラリーからの発信

ここでは、情報事業を実施している全国三一一施設のなかで、地域、ある程度の蔵書数、また継続的に勤務している職員がいる点について配慮したが、各センターの特色あるコレクションや企画を自由に書いていただく紹介と写真を、以下の十二施設に依頼した。

札幌市（二〇〇三）、福島県（二〇〇〇）、東京都（一九七九）、横浜市（一九八八）、静岡市（一九九二）、愛知県（一九九六）、三重県（一九九四）、大阪府（一九九四）、兵庫県（一九九二）、鳥取県（二〇〇一）、北九州市（一九九五）、沖縄県（一九九六）（カッコ内は設置年）

なお、二〇一三年に国立女性教育会館が、『女性関連施設の情報事業に関する調査報告書・事例集』を発行している。本書の執筆者の黒澤と筆者が関わっている。十二年前だが併せて参考になると思う。

今回は、限られた紙面で紹介を依頼しているので、ぜひＵＲＬやＳＮＳを訪れて、交流が生まれることを期待している。

1／札幌市男女共同参画センターライブラリー

札幌市男女共同参画センターライブラリーは、①ジェンダーに関心を持っていなかった方々に対して気づきを促す選書と配架を行うこと、②人と人がつながり行動へつなげる事業を行うこと、の二点が特色である。

今までジェンダーやフェミニズムについて考えたことがなかったという方々にジェンダーに興味関心を持っていただくため、選書範囲は幅広く、専門図書の他にもＳＮＳ等で話題の本、コミック、ジェンダーを題材とした小説など、多くの人が手に取りやすい本やＤＶＤの収集にも力を入れている。というのも、札幌市男女共同参画センターは、「男女共同参画センター」「消費者センター」「市民活動サポートセンター」「環境プラザ」の四つの機能を持った複合施設「札幌エルプラザ公共4施設」内にあることに加え、札幌駅直結という立地の良さから、中高生から高齢者まで男女、ジェンダーに興味がある・なしに関わらず、様々な目的の方々にご利用いただいているためだ。多くの人にジェンダーに関心を寄せていただく機会を提供できることに最大の強みがあると感じている。

また、当施設ライブラリーのコンセプトは「人と情報　人と人をつなぐ　次の一歩を踏み出す　中継地点」であり、情報収集・提示機能を強化するだけではなく「人と人とをつなぐ」ことへの発展も目指している。そのため、閲覧スペースであっても日常的に打ち合わせ等の会話が可能であり、利用者自身が情報を発信することができるスペースも用意している。また、主催イベントを、多くの本が置かれるライブラリーの中でも行い、ジェンダーについて利用者の皆さんと大いに語り合う機会や場づくりを行っていることが特色である。当施設で出会った女性たちが集い、情報を受信・発信しあうことで、互いにエンパワーメントし行動につながる施設を目指している。

・施 設 名　札幌市男女共同参画センター
・住　　所　〒060-0808　札幌市北区北8条西3丁目 札幌エルプラザ内
　　　　　　011-728-1223　jigyou@danjyo.sl-plaza.jp
・U R L　https://www.danjyo.sl-plaza.jp/
・設 立 年　2003年
・広 報 誌　りぶるさっぽろ
・サービス　読書会　情報活用講座
・蔵 書 数　図書約38,141冊　独自分類
・検索用DB　（Web）（館内）
・連　　携　地域図書館

2／福島県男女共生センター図書室

福島県男女共生センター図書室の図書収集は、「男女共生センター図書選定基準」に基づいて行っている。優先度は五段階に分かれていて、優先度1は女性問題・フェミニズム・ジェンダー問題、男女共同参画社会、DV、女性労働等である。優先度2は女性史、家族、性、優先度3は結婚、高齢社会、優先度4は仕事や育児、こころ、優先度5は人生観や環境、国際協力である。そのほか、ジェンダー視点により書かれている図書、男女の生き方に関連する図書を優先して収集している。

コレクションの特色としては、「福島県女性史」をはじめとした福島県郷土資料、東日本大震災関連図書に加え、女性解放運動のさきがけとしての雑誌であり、福島県人高村智恵子が表紙を描いた『青鞜』復刻版、ミニコミ誌『あごら』、復刻版『廓清』や『家の光』等がある。男女共同参画関連のビデオ・DVDや、福島県の行政資料や全国男女共同参画センター広報誌を所蔵している。新聞は一般紙のほか女性専門紙の「ふぇみん」「I女のしんぶん」の所蔵が、雑誌は「女性情報」や「SEXUALITY」等の所蔵がある。

分類方法は、独自分類法により分類されており、前述した男女共同参画関連図書に加え、別置の福島県郷土資料（K）、（東日本大震災の）災害関連図書（S）、館長本（D）、児童書（J）

がある。

展示イベント関連として、毎月男女共同参画に関する図書の「特集展示」及び資料リストの配布、新着図書からの「おすすめ本展示」のほか、九月の未来館フェスティバルにあわせた図書の展示、九月のアルツハイマー月間関連図書の展示、秋の読書週間にあわせた「本のお楽しみ袋」の展示及び貸出等がある。また、図書だより作成グループによる年二回の「ライブラリー散歩道」の発行がある。

・施設名　福島県男女共生センター図書室
・住　所　〒964-0904　福島県 二本松市郭内１丁目196-1
　0243-23-8301　mirai@f-miraikan.or.jp
・ＵＲＬ　https://www.f-miraikan.or.jp
・設立年　2000年
・広報誌　ライブラリーニュース
・サービス　インターネット環境整備
・蔵書数　42,136冊　独自分類
・検索用DB　（Web）（館内）
・連　携　地域の図書館等との相互協力

3／東京ウィメンズプラザ図書資料室

東京ウィメンズプラザは、東京都の男女平等参画社会の実現に向けての活動拠点であり、配偶者暴力相談支援センターとしての機能も併せ持っている施設です。一階にある図書資料室は、男女平等参画社会の実現をめざす研究・活動の支援と、女性が直面する様々な問題を解決するために必要な図書、行政資料、民間団体が発行する資料、雑誌、新聞、視聴覚資料などを幅広く収集し、閲覧に供しています。

当館の歴史は、一九七九年に都立日比谷図書館内に開設した東京都婦人情報センターに遡ります。以来四十余年にわたり資料を蓄積、整備してきている当資料室の蔵書は約七万冊を越え、男女平等参画のための専門図書館としては、国内屈指の蔵書数を誇ります。

その中でも、特筆すべきは、男女平等に関わる「行政資料」と「民間団体が発行する資料」の充実です。「行政資料」は、都政に関する資料群は勿論のこと、労働省婦人青少年局当時から現在に至る国の施策がたどれる資料群や、日本各地の男女平等参画センター等から受領した資料群で、分かりやすく色分けして整備しています。また、「民間団体資料」は、企業、財団、大学、学会等の規模の大きな団体から、少人数のグループが作成したものまで幅広く、その内容も論文や調査報告書、啓発冊子、ミニコミ誌等と多彩な資料群です。一般流通していないこれらの資料は、時間の経過と共に益々希少価値が高まっています。

これらの資料は都民の貴重な財産ですが、資料は活用されてこそ使命を果たします。時宜にかなったテーマ企画展示、当館主催の研修・セミナー参加者への資料提供、都内男女平等参画センター、大学等を対象にパッケージ貸出等を行い、利用促進を図っています。

・施設名　東京ウィメンズプラザ
・住　所　〒150-0001　東京都渋谷区神宮前5-53-67
03-5467-1711
・URL　https://www.twp.metro.tokyo.lg.jp
・設立年　1995年（1979年 東京都婦人情報センター）
・サービス　都内パッケージ貸出　ライブラリーツアー
・蔵書数　約70,000冊　日本十進分類法
・検索用DB　データベース（館内）（web）

4／男女共同参画センター横浜　情報ライブラリ

男女共同参画センター横浜では、横浜市男女共同参画行動計画に基づいて男女共同参画の推進に役立つ資料を収集しています。

横浜で男女共同参画やジェンダー平等について学ぶ人の多様なニーズに応えるための専門書を揃えるほか、センターで主催する女性の就業支援やワークライフバランス、暴力防止などのテーマに応じて資料を収集しています。具体的にはライフスタイル、仕事（復職・転職・起業など）、育児、介護、家族や夫婦のこと、人間関係、生活の中での困りごとなど、くらしの課題解決や悩みごとに役立つ旬な実用書を幅広く所蔵しています。ミニコミやＺＩＮＥなど一般の流通ルートにのらない独自性の高い資料を閲覧できることもコレクションの特色の一つです。

市民のニーズに合った資料を独自分類によってわかりやすく並べることで、自分の関心ごとと本を結び付けやすくし、ふと手に取った本を入口として、ジェンダーの視点にふれ、生きかた・働き方が広がるという効果を期待しています。

近年は若年世代に向けた本の展示や、男女共同参画に関する情報活用を提案する出張授業やレファレンスサービスなどにも力を入れています。ＳＤＧｓを入口としてジェンダー平等に関心のある若年世代が、家族や友人との関係性、自身の進路や生き方などに結び付けて社会をとらえる機会を提供できるよう、学校をはじめとした様々な機関と連携しながらこうした事業を展開しています。

「本当に必要な情報に出会ったとき、人は行動する力がわいてくる」それを体験できる場、すなわちエンパワーメントの実践の場としての機能が、情報ライブラリに求められると考えています。

・施設名　男女共同参画センター横浜（フォーラム）
・住　所　〒244-0816　神奈川県 横浜市戸塚区上倉田町435-1
045-862-5056（情報ライブラリ直通）
・URL　https://www.women.city.yokohama.jp
・設立年　1988年
・広報誌　フォーラム通信
・サービス　インターネット環境整備、予約貸出、アウトリーチ
・蔵書数　69,300冊　独自分類
・検索用DB　（館内）（web）
・連　携　横浜市男女共同参画センター3館での図書資料の貸出、企画展示、相互貸借あり

5／静岡市女性会館図書コーナー

静岡市女性会館図書コーナーは、葵生涯学習センターとの複合施設「アイセル21」一階のオープンスペースにあり、男女を問わず市民が気軽に立ち寄れるメリットがある。このためカウンター前に月替わりで新着資料、講座関連資料等を展示。図書コーナーだよりを毎月発行し、新着資料は貸出中もダミーを展示するなどして予約に結び付ける。滞在も重要と考え、親子で利用できるマット敷きのキッズスペースや自習スペースを設けている。

図書は日本十進分類法、行政資料は地域別・テーマ別に分類している。選書は市の基本方針①女性の地位向上や女性をとりまく諸問題の解決の資源となる情報②ジェンダーの視点で女性、男性にかかわる諸問題の実態を明らかにした資料③男女の意識の変革や男女平等に向けての行動、政策化を促す情報―の三点に則している。ジェンダーの視点のある絵本、地域の女性による『静岡のおんなたち』（1～11集／静岡女性史研究会著）や八、九十年代のミニコミ誌等のほか、近年はコミックの収集も始めた。ジェンダー関連記事の最新の情報は、クリッピングでスタッフや担当課職員に提供している。

講座やイベントと連携した掲示、主催講座における関連資料のブックリストの提供や図書コーナーの利用案内など事業と一体感を持たせ、「アイセル女性カレッジ」の講座生には貸出期間を優遇する特典を設けて利用を促す。併せて資料の検索・予約のできるHP、SNSでの発信といったウェブ媒体の利用、地元FM局での蔵書の紹介（二〇一六～二二年度）、市立図書館に女性会館の展示スペース設置、学校への協力貸出などのアウトリーチも行っている。職場体験、インターンシップなど学生を積極的に受け入れるなど、さまざまに工夫して運営している。

- ・施設名　静岡市女性会館（アイセル21）
- ・住　所　〒420-0865　静岡県 静岡市葵区東草深町 3-18
  054-248-7330　mail@aicel21.jp
- ・URL　https://aicel21.jp
- ・設立年　1992年
- ・広報誌　「静岡市女性会館情報誌WAVE」「静岡市女性会館図書コーナーだより」
- ・サービス　データベース（Web）（館内）
- ・蔵書数　35,771冊（2023年11月22日現在）　日本十進分類法
- ・検索用DB　（Web）※館内に利用者用の検索機はなし
- ・連　携　静岡県男女共同参画センター「あざれあ」図書室とは企画の連携あり

6／愛知県女性総合センター情報ライブラリー

当ライブラリーは、女性センターの中央吹き抜けの一階に位置し、上階からもライブラリーを見おろせます。資料を探しにではなく、他の用で来た、ふらっと立ち寄ったという利用が圧倒的に多い中、興味を引きつけ図書の利用につなげるために、開業当初から積極的に企画展示に取り組んできました。時宜を得たテーマでの図書展示、女性団体の活動を紹介するパネル展、セミナーや講座の関連資料展示など、さまざまな企画展示を実施しています。

その中でも、男女共同参画のトピックスや女性・男性の置かれた現状の統計データなどを、グラフやイラストでわかりやすく紹介する啓発パネル展がとても好評です。啓発パネルはライブラリー職員が年二回内容・構成を考え、オリジナルで作成します。ライブラリーでの展示終了後に、県内市町村のセンター、図書館などを中心に無料（送料実費負担）で貸出しており、広く県内外での男女共同参画の啓発に役立っていると自負しています。毎月予約している市町村もあり、たくさん予約をいただくのが励みになっています。

二〇一一（平成二十三）年からは情報ライブラリーの運営は指定管理事業となり、センター開設から携わってきたあいち男女共同参画財団が引き続き民間企業とグループを組んで事業にあたっています。指定管理者の自主事業として、子ども向けの貸出促進イベントなども実施しています。

資料については、愛知県内市町村の行政資料・広報誌や女性団体のミニコミ誌などはしっかり押さえつつ、男女共同参画の視点で描かれているコミックと絵本を積極的に収集しています。

開館後約三十年経過して、建物の改修時期に入るとともに、資料の保存にも本格的に取り組む時期になったと感じています。ここ数年は改修のため通常の運営が難しい状況ですが、この間に職員の力を蓄積して、よりよいライブラリーへ成長していきたいと思っています。

・施設名　愛知県女性総合センター（ウィルあいち）
・住　　所　〒461-0016　愛知県名古屋市東区上竪杉町１番地
・ＵＲＬ　https://www.will.pref.aichi.jp/jyoholibrary/
・設立年　1996年
・サービス　レファレンス、貸出あり　データベースなし
・蔵書数　図書約44,000冊（2023年12月）　日本十進分類法
・検索用DB　（Web）（館内）

7／三重県男女共同参画センター情報コーナー

フレンテみえ情報コーナーは、建物入口そばにあり、隣にホール、前にレストランがある立地のため、フラッと立ち寄れるオープンな作りで「キッズスペース」「ブックスペース」「情報スペース」「レクチャースペース」の四つのスペースがあります。

①キッズスペース　子どもや親子が一緒に過ごせるスペースです。

子どもには絵本や子ども向け図書などを。また、大人には子どものそばで新しい情報や知識を得られるように、図書・雑誌などが並んでいます。また、昨年フレンテみえが作成したオリジナル子ども向けの絵本「みっちときりー」も本棚に並んでいます。

②ブックスペース　来館者の皆さま向けの図書閲覧スペースです。

男女共同参画の視点で職員が独自にセレクトした書籍を中心に、雑誌や新聞を配架しています。男女共同参画の間口を広げ、様々な世代に興味を持ってもらうため、最近では職員がセレクトしたマンガの配架も始めました。

大分類：「女性学・女性史」「海外事業」「男性学・男性論」「法律・政治」「生活」「教育・子育て」「労働」「家族・夫婦」「結婚・離婚・恋愛」「DV・性暴力・セクシュアルハラスメント」「性とセクシュアリティ」「女性のこころとからだ」「高齢社会・福祉」「社会問題」「文学」「セッ

ト本・辞典」「絵本・子どもの本」

③レクチャースペース

資料や図書を使用した男女共同参画の調査研究や小規模なレクチャーを実施するスペースです。ロールスクリーンで仕切ることもでき、フレンテみえのパートナーグループの貸出スペース（打合せ等）としてもご利用いただいています。

④情報スペース

主催事業の案内や、男女共同参画関連情報などの情報を集約・提供するスペースです。関係機関の啓発ツール・企業の情報、また、県内のさまざまなイベント情報が寄せられています。

・施設名　三重県男女共同参画センター「フレンテみえ」
・住　所　〒514-0061　三重県 津市一身田上津部田1234
059-233-1130　frente@center-mie.or.jp
・URL　https://www.center-mie.or.jp/frente/
・設立年　1994年
・広報誌　データベース（Web）　データベース（館内）
・検索用DB　Webあり

8／大阪府立男女共同参画・青少年センター情報ライブラリー

情報ライブラリーは、女性情報の専門情報センターとして、ドーンセンター二階フロアに設置されている。男女共同参画社会をめざすさまざまな活動を情報でバックアップするという目的のもと、資料や情報を収集してきた。図書、行政資料や雑誌を合わせると、所蔵資料は約十万冊を超える。女性問題の解決に役立つ情報には、図書・冊子のほかに映像資料や統計データ、女性団体のミニコミ誌、パンフレットやチラシ等も含まれるため、扱う資料の種別は幅広い。ほかに「竹中恵美子文庫」や「資料日本ウーマン・リブ史原資料」などの特別コレクションがある。

蔵書はすべて一般公開され、ＯＰＡＣ検索も可能である。分類には日本十進分類法を使用する。さらに、女性問題に関するテーマごとに定められた独自のキーワードを付与することで、検索用語としている（テーマ例：フェミニズム、こころとからだ、家族、福祉、教育・研究など）。女性問題は社会のあらゆる場面に関わることから、特定の分野に限らず、０〜９類まですべての分野の資料をジェンダーの視点を意識して選書している。

これらの資料を活用し、情報と出会うきっかけをつくるテーマ展示やブックリスト作成、利用者の質問に応じて調べものをサポートする情報相談など、利用者と情報をつなぐためのサービスを実施している。資料のセット貸出などを通して、他機関との連携も行う。また、読書会や上映会など女性同士で交流するイベントも開催している。

利用者のニーズに応えるサービスの実施には、コレクションの充実が不可欠と考えられる。社会の変化とともに新しいテーマや課題にも、対応していく必要がある。ただ、女性の抱える生きづらさや悩みに心を寄せつつ、情報提供を通して課題解決をサポートする役割は変わらない。人と情報をつなぐライブラリー活動を引き継いでいけるよう、今後も取り組んでいきたい。

- 施 設 名　大阪府立男女共同参画・青少年センター（ドーンセンター）
- 住　　所　〒540 - 0008　大阪府 大阪市中央区大手前 1 - 3 - 49
  06 - 6910 - 8616　lib@dawncenter.jp
- U R L　http://www.dawncenter.jp/
- 設 立 年　1994年
- サービス　貸出、情報相談、資料セット貸出、人材情報データベース、ライブラリーツアー
- 蔵 書 数　56,805冊（2023年10月31日現在）　日本十進分類法
- 検索用DB　（Web）（館内）
- 連　　携　地域の図書館等との相互協力

9／兵庫県立男女共同参画センター情報図書室

1　収集方針の特色

開設以来『女性問題・男性問題解決のために役立つ資料』が収集の基本的方針です。常にジェンダーに敏感な視点を持ち、女性の地位向上、様々な社会問題や性別役割分担意識に対して利用者が気づき、行動を起こすために必要な資料を選択し、収集しています。

2　コレクションの特色

『震災ライブラリー』阪神・淡路大震災の被災地である兵庫県の男女共同参画施設として、男女共同参画の視点で収集した震災資料、東日本大震災やその他災害、防災についての資料を収集し公開しています。

この他、再就職や起業などへの「チャレンジ支援」、「ハラスメント全般」、「女性に対する暴力」「女性活躍推進」については色別シールを貼付し、別置しています。絵本についても男女共同参画の視点の有無で選書しています。

3　分類方法の特色

日本十進分類法をベースにイーブン独自の図書分類表を作成して配架しています。分類項目を女性問題に関連したテーマ・課題に読み替え、独自の展開を行っています。分類番号はA～

Lまでのアルファベット＋数字で構成し、利用者のニーズに関連する資料を検索しやすいようにしています。

4　連携事業などのアピール

常にイーブンの事業と連携し、主催するセミナー等において関連図書の展示を行っています。相談事業では、なやみ相談利用者に図書や情報を提供し、図書室利用者へのヒアリング中に必要性を感じた場合には、なやみ相談につなげるなどしています。また、兵庫県内の各市町への図書リストの提供、研修用ＤＶＤの紹介や貸出も行っています。当センターでは講師の人材登録を行っており、講師紹介も行っています。常に「必要な人に必要な情報が届く」ことに留意しています。

・施設名　兵庫県立男女共同参画センター（イーブン）
・住　所　〒650-0044　兵庫県神戸市中央区東川崎町1-1-3
　　　　　神戸クリスタルタワー７Ｆ　078-360-8550
・ＵＲＬ　https://www.hyogo-even.jp
・設立年　1992年
・広報誌　ひょうご男女共同参画ニュース
・蔵書数　23,502冊（DVD含む）（2023年11月現在）　独自分類
・検索用DB　（Web）（館内）

10／鳥取県男女共同参画センター情報資料室

平成十三年四月に開設した鳥取県男女共同参画センター「よりん彩」は令和三年に二十周年を迎えました。開設当初から情報資料室を設置し、図書の閲覧・貸出を行っています。以下は、当センターの主な特色です。

1　蔵書について

令和五年十月十一日現在の蔵書数は一万七二五八点です。年間概ね三百冊ずつ蔵書を充実させています。当センターでは、県民の皆様が男女共同参画に関する学習を進めるうえで必要と思われる以下の資料の収集に力を入れています。

・県及び県内市町村が作成した男女共同参画計画等の行政資料／「とっとりの女性史～戦後からの歩み～」などの郷土資料／男女共同参画や女性問題を専門に取り扱っている各種雑誌／アンコンシャスバイアス、性の多様性等、その時々の話題の一般図書／当センターには子ども室があるため、子どもが楽しめる絵本・児童書

2　分類について

当センターの分類は利用者が図書を探しやすいように、「一般図書」、「行政資料等」、「郷土資料」、「児童書」、「映像資料」、「雑誌」に分け、一般図書についてはさらに「男女共同参画」、「人権」「教

育問題」等の二十五に小分類しています。小分類ごと色を分けてシールを貼り視覚的にわかりやすくし、小分類内は分類番号順で本を配架しています。検索システムの表示に分類及び分類番号を表示し、探しやすくなるよう工夫をしています。

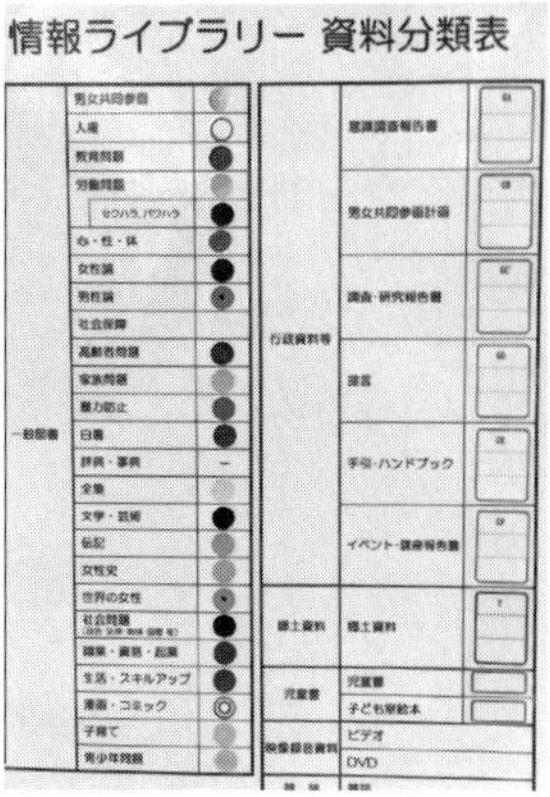

3　連携事業について

鳥取県図書館ネットワークに加入し、相互貸借の連携を行い、年間七十冊程度を他の図書館に貸出しています。また、地域、学校等が男女共同参画に関する企画展示等を行う際に当センターの蔵書をまとめて貸出す団体貸出もしています。

さらに鳥取県公共図書館横断検索システムで当センターの蔵書検索が可能であり、遠方にお住まいの県民の方にも利用しやすくなっています。

・施設名　鳥取県男女共同参画センター（よりん彩）
・住　所　〒682-0816　鳥取県 倉吉市駄経寺町212-5
　　　　　倉吉市未来中心１階　0858-23-3901
　　　　　yorinsai@pref.tottori.lg.jp
・ＵＲＬ　https://www.pref.tottori.lg.jp/yorinsai/
・設立年　2001年
・蔵書数　17,258冊　日本十進分類で登録し、独自の分類方法で配架
・検索用DB　（Web）（館内）
・連　携　鳥取県公共図書館横断検索システムへの参加

11／北九州市立男女共同参画センター・図書・情報室

北九州市立男女共同参画センター・ムーブでは、二〇〇一年から書誌情報誌『カティング・エッジ（「最前線」の意）』を発行している。名前の通り、書誌情報の提供を通して、ジェンダー問題解決のカギとなる最新の動きと成果を紹介することを目的としてきた。当時、情報の大半が中央から発信され、地方はそれを画一的に受信するような構造の中で、情報発信の客体から主体に転換し、情報の脱中心化を図ろうと創刊した。

発行の背景には、北九州市が歩んだ歴史的経緯がある。一九五〇～六十年代、工業化に伴う公害問題で苦しむ本市で、全国的にも珍しい女性主導の公害反対運動が展開される。その代表的な「青空がほしい」運動については国連で報告される等、全世界に発信された。その後、女性たちはナイロビや北京で開催された世界女性会議に参加し、国際的な潮流を学びながら、社会を変えようと熱心な働きかけを続けた。世界とのつながりの中で、それまで存在しないことにされてきたジェンダーの課題が徐々に明らかになると、男女共同参画社会を実現することこそ、最重要課題だと確信するに至る。こうして、『カティング・エッジ』は生まれたのである。

本誌の特徴は、書籍のエッセンスが一目で掴《つか》めるよう、書評と合わせて「キーワード」を解説していること、その分野の専門家に書評を執筆してもらっていることであり、どちらも創刊当初から変わらない。二〇二〇年からは『カティング・エッジ』と情報誌『ムービング』を統合し、より多くの方々に情報を届けられるように発行部数を増やしている。現在では、絵本や漫画などの手に取りやすい書籍も紹介し、発行後は関連本とともに図書室でコーナー展示を行っている。『カティング・エッジ』で取り上げている書籍はムーブ図書・情報室で閲覧・貸出しできるので、ぜひ利用してほしい。

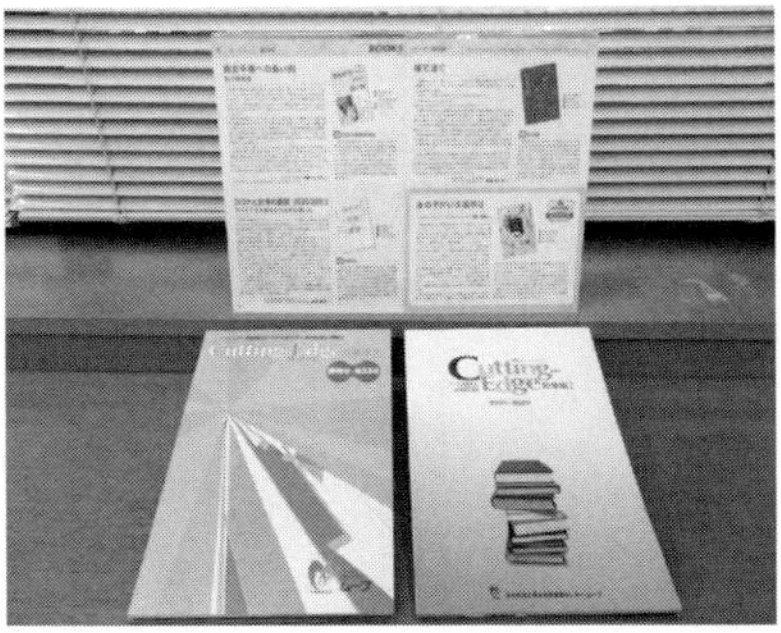

・施設名　北九州市立男女共同参画センター・ムーブ
・住　所　〒803-0814　福岡県北九州市小倉北区大手町11-4
093-583-3939　move@move-kitakyu.jp
・URL　https://www.kitakyu-move.jp/about.html#access
・設立年　1995年
・広報誌　情報誌『ムービング』内『カティング・エッジ（「最前線」の意）』
・サービス　0～3歳児向けおはなし会
・蔵書数　56,586冊（2023年3月31日）　日本十進分類法
・検索用DB　（Web）（館内）
・連　携　北九州市立図書館

12／沖縄県男女共同参画センター図書情報室

沖縄県男女共同参画センター「てぃるる」図書情報室は、女性の地位向上、男女共同参画社会づくりをめざして、女性問題に関する図書、ＡＶ資料、行政資料、県内外の女性関連施設概要、紀要、専門誌（紙）などの収集・提供を行う専門図書室です。

社会環境の変化に伴い生じる女性問題の的確な把握、課題解決に向けた調査・研究の場、情報発信の場として、県民の様々な活動を支援し、てぃるるホームページでは毎月一回図書情報室だよりを発行しています。

図書情報室内には、沖縄郷土資料の書架などがあり、琉球政府時代から現代までの沖縄の人々の生活や、トートーメー（位牌継承）問題、米軍統治下時代など、沖縄特有の女性問題をテーマに捉えた関連資料を数多く取り揃えています。

また、戦後母子福祉の支援に尽力した方からの寄贈資料も所蔵しています。さらに、女性史では戦中・戦後の沖縄の女性たちのあゆみをパネルにし、各市町村や学校等への貸出や、毎年六月の男女共同参画週間にはパネル展などを行っています。

公益財団法人おきなわ女性財団との連携事業では、講座やイベント関連の本の貸出や関連図書リストの作成なども行っています。当図書室はどなたでもご利用いただけますので、お気軽にお立ち寄りください。

・施 設 名　沖縄県男女共同参画センター「てぃるる」
・住　　所　〒900-0036　沖縄県那覇市西3-11-1
　　　　　　098-868-4077（直通）
・U　R　L　https://www.tiruru.or.jp/
・設 立 年　1996年
・広 報 誌　図書情報室だより
・サービス　ビデオ上映会
・蔵 書 数　36,516冊（2023年10月時点）　日本十進分類法、一部独自分類
・検索用DB　（Web）（館管内）
・連　　携　地域の図書館と相互協力

―ライブラリーのこれから―

1　本・資料の紹介の工夫・独自性・継続性

北九州の本の紹介シリーズ cutting edge は、その名の通り最新で妥協のない書評である。書評者が九州の研究者であることも、中央発信ではなく、地域からの発信という紹介に納得する。長いこと継続したものを冊子にまとめているが、フェミニズムの歴史が読み取れる。方針を立てて継続することの重要性がある。

2　災害文庫　災害時にジェンダーの視点

兵庫県、福島県ともに大震災で、女性の相談支援や避難所の女性スペースを支援したセンターであり、その後ライブラリーに災害文庫を設立した。兵庫県では、災害資料のジェンダー視点による件名を作成し、NWECはじめ各地のセンターに貢献している。災害・防災の資料、特にこれからの防災政策には、ジェンダーの視点が必要であり、ライブラリーのないセンターも発信に工夫があれば良いと思う。

3　ライブラリーのスペース活用

静岡市、札幌市ともにライブラリーが一階で、外からもライブラリーの様子が見える開放的なスペースである。静岡市は入口に近いところにキッズスペースを設置、近くに児童書を置いている。札幌市は、ライブラリーのスペースを書架で固定化せず、セミナーのスペースとしても使い、Ｂｏｏｋセミナーなどを開催している。当初、ライブラリーも図書館らしくという傾向にあったが、三重県の様にその建物の特色を活かすスペースの活用も考えられる。

4　地域のコレクションの構築

愛知・沖縄県は、地域の特色ある利用コレクションを構築している。大阪府の竹中恵美子文庫やウーマンリブ資料の保存、東京都の行政、団体資料の様に収集・整理・保存に一定の基準と継続性が必要である。歴史的なコレクションを現代とつなげる活用が課題であろう。

資料の分類については、各センターの分類事例とＮＷＥＣシソーラスを参考に独自の分類を書架の配置にも活かせると探しやすい。

5　地域の図書館・機関との連携

鳥取県の県立図書館との多様な連携は、蔵書数が少ないセンター、また規模の大きなセンターも相互の情報提供の場として活用の可能性が高い。また地域の多様な機関との連携は、アーカイブ資料の情報の収集も期待できる。横浜市の国際機関との連携もこれからｗｅｂで公開も可能になるだろう。

6 これからの課題

(1) 女性図書館員とキャリア

1 図書館員のキャリア研究フォーラムの設立

二〇一三年、図書館員のキャリア研究フォーラムは、図書館および男女共同参画センターなどで情報事業に関わる女性のキャリアの現状と課題について、情報交換等を通じて問題意識を広く共有し、館種・職種の違いを超え、図書館をめぐる多様な職業のネットワーク構築をめざして設立した。本書の筆者である青木玲子(独立行政法人国立女性教育会館：所属は設立時)、市村櫻子(東京大学柏図書館)、黒澤あずさ(公益財団法人日本女性学習財団)の他、石川敬史(十文字学園女子大学)、櫻田今日子(国立女性教育会館)の五名を共同代表としてスタートした。

設立の背景には、まず、図書館員の非正規化の進行に伴い(【表1】)、図書館員としてのキャリアを継続し、過去の経験を蓄積して専門性を発揮し、現場に活かすことが困難な環境にあること。次に、「図書館で働く女性たちのキャリア形成の現状は決して明確ではなく、キャリア

【表1】女性図書館員の割合：公共図書館（%）

年		1955	1999	2002	2008	2011
専任	館長	0.4	15.4	18.6	19.2	27.1
	司書	22.5	69.6	73.0	75.1	76.7
非常勤	館長	*	9.4	17.2	21.8	28.5
	司書	*	95.5	95.3	94.9	94.5
指定管理	館長	*	*	*	*	33.2
	司書	*	*	*	*	89.3

出典：「女性図書館・情報担当者のキャリア形成に関する予備的考察」
（石川ほか、2013）

モデルも十分でないことから」（市村ほか、二〇一三）、司書資格取得をめざす学生、再就職を希望する司書資格保有者、現職の女性図書館員が生涯にわたるキャリアプランを描きにくい状況があった。このような問題意識のもと、女性ライブラリアンのキャリア形成を軸とした活動を考えるようになった。

同年七月、「図書館・情報担当者をエンパワーする―情報事業に関わる女性のキャリアをひらく」と題したキックオフイベントを東京大学柏図書館で開催し、図書館と情報担当者のネットワーク構築と課題共有の場づくりを開始した。全国各地から五十名以上の参加者を得て、次頁のプログラム（【表2】）で実施した。

参加者アンケートでは、「非常勤職員の増加」、「労働条件」、「継続勤務の困難さ」などに関心が高いことが明らかになった。「図書館員としての専門性を身に付け、実践のなかでさらに磨いていくために、本研究フォーラムは、本イベントを第一歩として、ささやかながら『主体的な学びの場』を継続的に提供していきたいと考えている」（市村ほか、二〇一三）とあるように、「主体的な学びの場」のあり方を検討していくことになった。

2 女性ライブラリアンへのヒアリング

キックオフイベントの後、二〇一四年にかけて五回にわたり、国内の様々な業種・職種の女性ライブラリアンのライフコース（【表3】）について公開研究会方式でヒアリングを実施した。

このヒアリングによって、以下の五点がキャリア形成過程の共通項として明らかになった（出典：「女性図書館員・情報担当者のライフコースとキャリア形成」（石川ほか、二〇一四）。①強い自己教育力 ②現場を切り拓く実践・行動 ③部署における力

【表2】キックオフイベントプログラム

	テーマ	講演者
基調講演	女性の生涯にわたるキャリア形成の意義と未来	大野　曜 （公益財団法人日本女性学習財団理事長）
報 告 ①	女性労働の視点から考える「専門職」の現状と課題	瀬山　紀子 （埼玉県男女共同参画推進センター　事業コーディネータ）
報 告 ②	調布市立図書館における非正規職員のキャリア形成の事例と課題	小池　信彦 （東京都調布市立図書館長）
報 告 ③	司書のキャリアを生かす	朝倉　美登里 （前東京大学駒場図書館勤務）

＊所属はイベント開催時

【表3】女性ライブラリアンのライフコース

対象者	ライフコース（左から初職からの推移を示している）
A	公共図書館→図書館関係団体
B	地方公務員→図書館システム系企業
C	一般企業→学校図書館→公共図書館→専門図書館
D	小学校教諭→専業主婦→公共図書館→学校図書館
E	国立大学図書館→大学院進学→データベース系企業→外資系出版社

量形成の貧困化　④葛藤・決断・転機　⑤現場への強いこだわり。その後、五名のライブラリアンのライフコースをポスターにまとめ、それをＩＦＬＡ（国際図書館連盟）の年次大会で発表することとした。

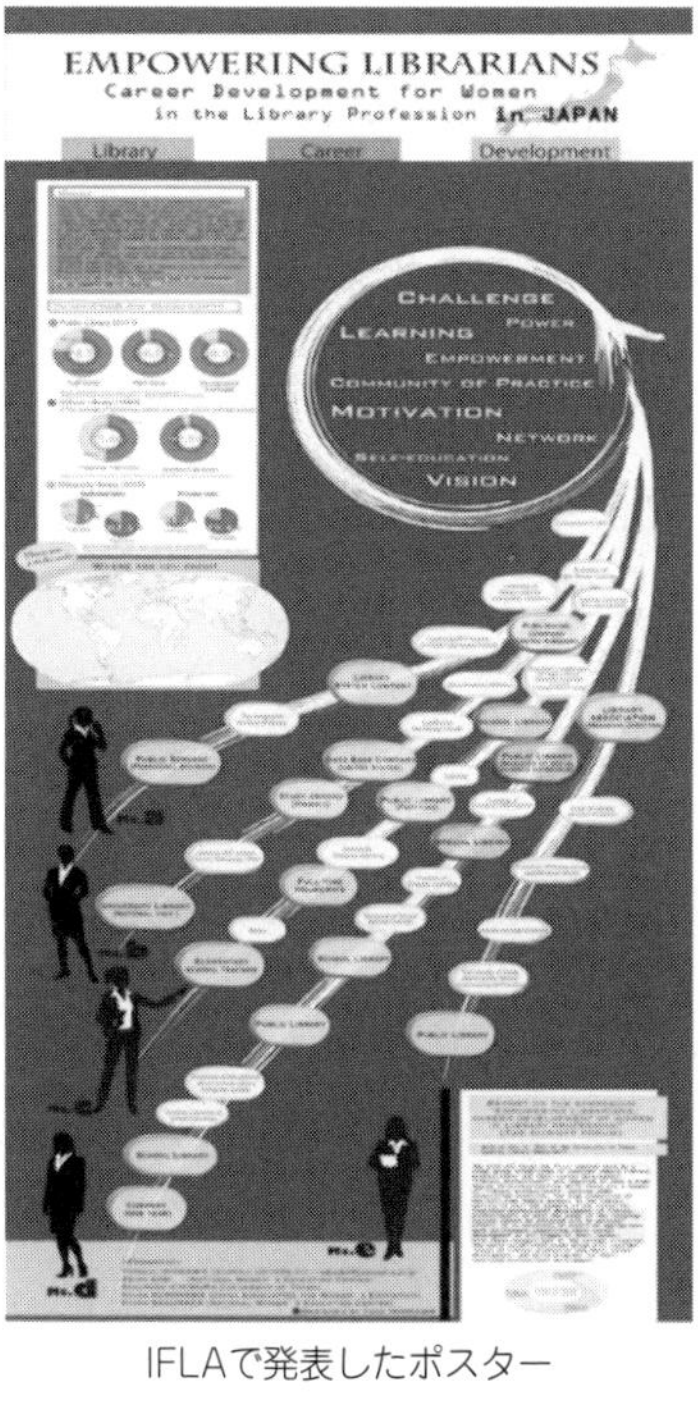

IFLAで発表したポスター

3 いざ、IFLAへ

二〇一四年夏、フランスのリヨンで開催されたＩＦＬＡ２０１４で、"Empowering Librarians ─ career development for women in the library"をテーマにポスターセッションに参加した。世界各国の女性ライブラリアンがポスターに立ち寄り、対話をする中で、日本と同様に、「女性の司書は多いが、管理職が少ない」、「キャリア形成が難しい」といった共通の課題が浮き彫りになった（黒澤、二〇一四）。さらに、女性ライブラリアンに記入してもらった百枚以上のカードから、海外では、ライブラリアンがArchivist、Media specialist, Reference Librarian など多種多様な職種に従事し、専門性を生かしていることも明らかになった。この参加をきっかけに、海外のライブラリアンを招聘して、学びあう試みを開始した。

この他、リヨンでは、公立図書館でのジェンダーコレクションを見る機会を得た。Part-Dieu 駅近くの公立図書館には、"le point g"というコーナーが目立つ場所に設置されており、日本の公立図書館でのヒントとなりそうな空間であった。帰国直後の八月末、ＮＷＥＣフォーラムで、ＩＦＬＡの報告を含めて、

ポスターセッションの様子

これまでの本研究フォーラムの活動について発表を行った。

翌二〇一五年には、オランダ・ライデンで開催された EAJRS Conference（日本資料専門家欧州協会 年次大会）に参加。後に招聘することになる、オランダ・アムステルダムにある女性情報センター「atria（アトリア）」の女性・ジェンダー情報の専門家である Tilly Vriend を訪問することができた。二〇一六年には、アメリカ・コロンバスで開催された ＩＦＬＡ ２０１６のサテライト・ミーティング（Women, Technology, and Open Culture Meeting on August 11th at Northwestern University Libraries in Evanston, IL.）で、"Gender-related information services in Japan"をテーマに発表を行った。このような海外での経験を通じて、グローバルな視点で女性ライブラリアンのキャリアを考えるヒントを得ることができた。

le point g

４ カンバセーションシリーズの開始―海外の女性ライブラリアンとの交流

ＩＦＬＡへの参加をきっかけとして、海外の女性ライブラリアンと交流するためのカンバセーションシリーズを二〇一五年から開始した（【表４】）。彼女たちの講演を聴くだけでなく、まさにカンバセーション（会話）ができる雰囲気づくりを心掛けて運営をしてきた。以下招聘した五名のライブラリアンを紹介する。

Gail Chester（フェミニストライブラリー）

二〇一五年十一月、名古屋にある東海ジェンダー研究所の招きで来日したGail Chesterを東京に招聘した。Gail Chesterは、イギリスのフェミニストであり、ロンドンにある「フェミニストライブラリー」の代表者の一人である。Gail Chesterからは、自身のフェミニストとしての活動と、「フェミニストライブラリー」のコレクションと情報発信、また女性ライブラリーと女性アーカイブのネットワーク「FLA: the Feminist and Women's Libraries and Archives Network」の活動について話があった。

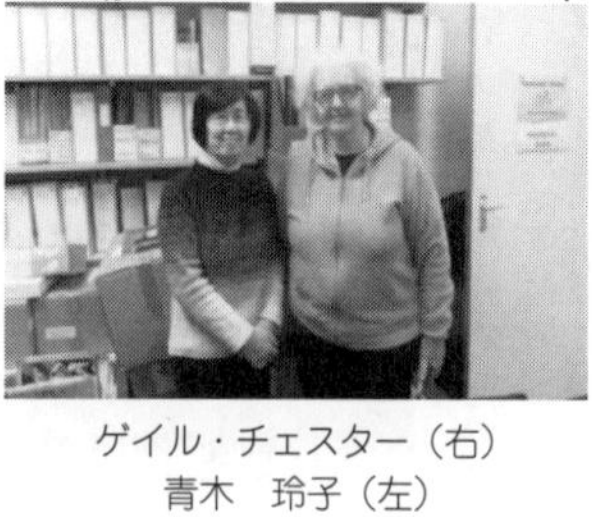
ゲイル・チェスター（右）
青木　玲子（左）

Tilly Vriend（アトリア）

二〇一六年五月、前述のアトリアから、Tilly Vriendを招いた。Tilly Vriendは、NWECの「女性情報シソーラス」の開発に影響を与えた「ヨーロッパ女性シソーラス」の担当者であり、フォーラムメンバーの青木玲子とは、長年情報交換と交流を続けてきている。アトリアの前身は、ＩＩＡＶ(International Information Center and Archives on Women's Movement)で、二〇一五年には、創立八十周年を迎え、「International Conference on Archiving in the 21th Century – sharing the past, debating the present ,creating the future」をテーマとした国際会議を開催している。日本からは、青木が招かれ、ヨーロッパ各国の女性ライブラリー、アーカイブのセンターの関係者、ＩＦＬＡを代表とする国際関係機関も出席し、まさしく今後の女性アーカイブについての議論がなされた。Tilly Vriend は、「ライブラリアンの専門性とキャリアーオランダ・アトリアの経験から学ぶ」をテーマに話をし、コメンテーターとして、ＮＷＥＣの「女性情報シソーラス」の立ち上げに関わった田中和子（國學院大學法学部教授）が登壇した。

ティリー・ビアンド

Kayo Denda（ラトガース大学ダグラス図書館）

二〇一七年十一月、アメリカの総合研究大学であるラトガース大学ダグラス図書館のWomen's Studies Librarian として活躍している Kayo Denda を招聘した。東京大学での講演会に先立ち、図書館総合展で、スピーカーズコーナー「アメリカ総合研究大学図書館のめざすもの」と、ポスターセッション「アメリカ州立総合研究大学の女性ライブラリーと専門性」に参加した。講演会では、大学ライブラリアンのキャリア形成や大学図書館における女性学研究支援を中心に話があった。「Women's Studies Librarian として、大学、図書館、地域、女性学のコミュニティとの情報の橋渡しをするのも大きな役割」（黒澤、二〇一八）という言葉が印象に残っている。コメンテーターとして、村松泰子（日本女性学習財団理事長）が登壇した。

カヨ・デンダ

Nancy・F・Cott（ハーバード大学ラドクリフ研究所所属シュレジンガー図書館）

二〇一八年四月、名古屋大学ＧＲＬ（ジェンダー・リサーチ・ライブラリ）と東海ジェンダー研究所の招きで来日した Nancy F. Cott を東京に招聘した。Nancy F. Cottは、十九・二十世紀を中心としたアメリカ女性史を専門とする歴史学研究者であり、二〇〇一年から二〇一四年まで、アメリカ・ハーバード大学ラドクリフ研究所所属シュレジンガー図書館（アメリカ女性史関連の資料を蒐集する図書館であり、ジェンダー研究施設でもある）の初代館長およびアメリカ歴史学会会長などを歴任している。シュレジンガー

ナンシー・F・コット

【表4】カンバセーションシリーズ

開催日	講　師	所　属（国）	タイトル	会　場	共催・協力等
2015.11.7	ゲイル・チェスター	フェミニストライブラリー（イギリス）	フェミニストライブラリーと女性アーカイブ	日本女性学習財団Space Welearn	日本女性学習財団
2016.5.14	ティリー・ビアンド	アトリア（オランダ）	ライブラリアンの専門性とキャリア―オランダ・アトリアの経験から学ぶ	東京大学史料編纂所大会議室	日本女性学習財団・東京大学附属図書館
2017.11.11	カヨ・デンダ	ラトガース大学ダグラス図書館（アメリカ）	ライブラリアンと専門性―ラトガース大学の女性学研究支援	東京大学工学部工2号館図書室	日本女性学習財団・東京大学大学院工学系研究科男女共同参画委員会
2018.4.5	ナンシー・F・コット	ハーバード大学ラドクリフ研究所所属シュレジンガー図書館（アメリカ）	図書館とジェンダー―ハーバード大学の女性史コレクション	東京大学工学部工2号館図書室	日本女性学習財団・東海ジェンダー研究所・東京大学大学院工学系研究科男女共同参画委員会
2020.1.10	ジャニス・ブラウン	ミルズカレッジ図書館（アメリカ）	歴史ある女子大のライブラリアン、キュレーターとして働く	東京大学総合図書館別館ライブラリープラザ	日本女性学習財団、国立女性教育会館、東京大学本部ダイバーシティ推進課

図書館における女性史コレクションを中心に、図書館とジェンダーについて話があった。

Janice Braun（ミルズカレッジ図書館）

GHQの一員として日本国憲法草案作成に関わったベアテ・シロタ・ゴードンのアーカイブが、二〇一九年、ベアテの母校アメリカ・ミルズカレッジとNWECへ寄贈されたことをきっかけに、二〇二〇年一月、Janice Braun の講演が実現し

ジャニス・ブラウン

た。ミルズカレッジのライブラリー・ディレクターである Janice Braun は、ミルズカレッジ図書館のアーカイブ・コレクションの構築やそれを担当する職員の現状を語った。

5 今後に向けて

コロナ禍やメンバーの勤務先変更などから、海外の女性ライブラリアン招聘や公開研究会は休止しているが、両方を融合させて、当初の目的のひとつでもあった女性ライブラリアンのキャリア形成に資するプログラム開発へと今後はつなげていきたい。また、女性ライブラリアンのキャリア形成を考える際には、雇用の継続と均等待遇は前提条件であり、館種、職種、雇用形態を超えたネットワーク形成に向けての行動が大きな力となってくるだろう。

図書館員のキャリア研究フォーラム設立時に、図書館員の非正規化を課題としていたが、十年たった現在、非正規化がさらに進行し、「会計年度任用職員」制度が導入されたことで、キャリア形成がますます厳しい状況にある。

日本図書館協会非正規雇用職員に関する委員会は、公務非正規問題について継続して取り組む団体「公務非正規女性全国ネットワーク（通称：はむねっと）」（以下はむねっと）と共催し、二〇二二年三月、非正規雇用職員セミナー「図書館で働く女性非正規雇用職員」をオンラインで開催した。本セミナーの内容は、『非正規雇用職員セミナー「図書館で働く女性非正規雇用職員」講演録』（JLA Booklet no.12）（日本図書館協会、二〇二二）に詳しく書かれている。この中で、日本図書館協会による提言「図書館には、『司書』としての常勤職員（正規職員）を配置するべきです。配置にあたっては、経験と能力のある会計年度任用職員等を積極的に登用することと、その制度化が求められるところです。」の部分に、はむねっとが力づけられたとある。図書館員のキャリア研究フォーラムがめざしている、ライブラリアンの専門性とキャリアを結び付けて考えるために欠かせない重要な視点であるといえよう。

さらに、同年の夏、『LRG（ライブラリー・リソース・ガイド）』二〇二二年夏号では、「図書館とジェンダー」を特集テーマとし、はむねっと代表の渡辺百合子がテーマ三「図書館職員に女性が多い理由」に寄稿をしている。そのタイトルは、「司書を選んだのであって、待遇を選んだのではない ―図書館で働く非正規司書たち」であった。「図書館サービスを担うのは、一定の経験や知識をもち、資料と人を結びつける司書であり、その司書は地域住民でもあります。はむねっとは、その当事者が低賃金で不安定雇用であることは、すべての人のまなびに関わる重要な課題だということを、より広く発信していきます。」（LRG、二〇二二）と渡辺が記しているように女性ライブラリアンが専門性を生かし、安定的な雇用を得てキャリア継続をしていくための仕組みを築くためには、①男女共同参画センターだけでなく公共図書館などからもジェンダーや男女共同参画を発信していくこと、②図書館職員同様、非正規で不安定雇用にある男女共同参画センター職員が情報を共有し、ともにエンパワーメントして、連携していくことを提案したい。

(2) コレクション構築に向けて

一九七七年にNWECが開館、その後一九九〇年代には、女性関連施設は五十センターだったが、二〇〇〇年以後は、男女共同参画社会基本法による行動計画の策定によって、男女共同参画推進の拠点施設として、二十年間で全国に約三百の男女共同参画センターが設立された。現在三五六施設(二〇二二年内閣府調査)に達している。全国各地にこれほど公立の男女共同参画センターがあるのは、世界的にも珍しいことでもある。

施設内のライブラリーは、自治体の規模による格差もあり、総合施設、単独施設、施設の一角にある、市役所内にあるなど、男女共同参画センターの多様な施設的な背景がある。三五六施設内のライブラリーの有無にかかわらず、本の収集や情報収集・発信している施設は、三一一に及ぶ。開設以来四十五年を経たNWEC女性教育情報センターの蔵書数が、一四万七四四六冊、一九九〇年代に設立された二万冊以上の蔵書数があるライブラリーは三十一センター、一一五センターがライブラリーのスペースを持たなくても、千冊から五千冊の蔵書数である。

一九八〇年代からのこの四十年間、ライブラリーの職員は、世界と日本の女性運動の急激な展開に関する女性情報の収集に駆け回っていた。前述した全国十二地域のライブラリーの事例のように、各地域のライブラリーは、それぞれ特色ある所蔵資料の構築と発信、女性史などの編纂に関わり、歴史的な資料と喫緊の情報を丁寧に収集してきた。

男女共同参画センターは、いずれも多くは公立のセンターであるがゆえに、政権の交代により事業仕分けの対象ともなり、統廃合でライブラリーが縮小されることもあった。ジェンダーという言葉を使用すること自体が問題とされる、所謂ジェンダーバッシングの波をかぶることにもなった。そんな月日を経て、なんとかライブラリーの資料は、継続して収集され、女性たちの活動や運動を伝える全国的なコレクションとして残った。

しかし、センターの規模によってはこれからの課題はある。最近、小規模のライブラリーでまったく貸出がなく、書架から動かない本が増えて、除籍も出来ず、古本扱いであるという話題が増えた。開設当初の寄付などで冊数を揃えたが、スペースも限界という。多くのセンターが、センターの設置目標に沿った収集方針で収集しているが、二十年以上の経過を経ると、ジェンダー視点で出版される分野も広がり、スペースの限界も迫って来る、継続勤務する職員もいなければ、収集方針の具体性にも欠けてくる。年代が古いというだけで除籍の対象とされることが多いが、この機に所蔵資料全体のコレクション構成を再評価することを提案したい。

日本図書館情報学会研究委員会編『情報の評価とコレクション形成』によると、コレクションという言葉は、基本的には、「蔵書構成、蔵書構築といった考え方を包括する」とあり、また主題や特定の資料形態を集めたコレクションは、特殊コレクションと呼ばれている。

男女共同参画センター・ライブラリーの所蔵資料は、専門的なテーマとして設置基準に基づいて収集された特殊コレクションである。多様な資料形態を含むコレクションでもある。センターの設置目的に基づいてどのように活用されるかも重要視されている。

コレクションの再評価をするためには、①自館所蔵資料のデータ分析、または規模の小さいライブラリーであれば書架を丁寧に見て分析、②コレクションとなるテーマを検討、③収集方針に具体的な計画を明文化するプロセスを踏む。ライブラリー全体は女性情報のコレクションであるが、全体コレクションに含まれる分野・テーマは、近年ジェンダーメインストリーム化によって多様となっている。所蔵資料の中で、利用者の要求、地域の歴史的な背景など考慮しながら新たなコレクションのテーマを検討する。現在多くのライブラリーが、特定の主題の資料展示やパスファインダーの作成、書架の分類を越えた別置紹介を行っているが、新たなコレクションの生成の一環であり、利用者に向けた資料の可視化にもつながる。コレクションは、所蔵資料をまとめるだけではなく、継続して蓄積し、各地のセンターの実績を表す主題で進展するコレクションとしたい。利用者にとっても、分類を越えてテーマに関連ある本にアクセスしやすくなる。

コレクション形成について、1継続して形成するコレクション、2市民の参加によるコレクション収集の二つの取り組みを次に紹介する。

1　新刊紹介本をコレクションに

東京都港区にある（公財）日本女性学習財団は、一九三七年に建設された歴史ある日本女子会館を運営している、数少ない民間の女性関連施設である。女性のエンパワーメントを目指し、男女共同参画の視点で生涯にわたる女性のキャリアを支援する「キャリア支援デザイナー」の養成を十年以上にわたり続けている。また、ジェンダー課題を特集しながら、喫緊のジェンダー情報記事を提供する情報誌『月刊 We learn（ウィラーン）』を発行している。

日本女子会館内には、集い学び合う場所「Space We learn（スペースウィラーン）」がある。会議や事業企画に使用される

スペースの壁面に書架があり、小さなライブラリーとなっている。この書架は、職員の配慮により常にアクティブである。コレクションの始まりは、情報誌に毎月掲載される「ざ・ぶっく」で紹介された四冊の本である。毎月紹介された本は、ライブラリーの書架に配置されることが案内されていて、利用可能なコレクションとなっている。財団には、日本女子会館に関する八十年以上にわたる歴史の記録がアーカイブとして残されているが、たとえ四冊でも、いま注目すべき本を紹介し、継続して蓄積することにより、その年々の注目課題の歴史を刻んで進展するコレクションとなっている。

2 民間団体との協働事業 情報・資料コーナーの整備と活用

東京都杉並区の男女平等推進センターは、一九九七年に設立された公設公営施設である。センターのライブラリーには、約三五〇〇冊の資料を所蔵している。

杉並区は、杉並区女性団体連絡会（杉女連）と協働事業「男女共同参画センター 情報・資料コーナーの整備と活用」を、二〇二二年度から二年間の予定で実施している。

杉女連は、一九五四年の原水禁署名運動で活躍した女性たちの流れをくみ、その後、教育、福祉、環境、消費者のテーマの女性グループが横のつながりを持つために連絡会を結成した。杉女連メンバーが情報資料コーナーの整備、図書の分類見直し、図書展示会、読書会、講演会、ブックリスト発行などを行っている。

当初、筆者が協働事業の内容をメンバーから聞いた時は、資料に関する作業内容は多く、民間メンバーには負担が大きく課題があるのではないかと懸念した。確かに課題はある。しかし、課題の議論とは別に筆者が重要視したのは、協働団体である「杉女連」のメンバーの活動経験知である。ライブラリーのコレクション構築に区民の経験が反映されることを期待し、あらためて、男女共同参画センター・ライブラリーのコレクションは、誰のものかを問いかけられた。読書会や展示企画にも市民の経験が活かされている事業である。

(3) 特色ある文庫

1 水田珠枝文庫

水田珠枝（一九二九－）は、日本の思想史研究者。名古屋経済大学名誉教授。公益財団法人東海ジェンダー研究所顧問。専門は政治思想史、女性学。

公益財団法人東海ジェンダー研究所と名古屋大学との連携により、名古屋大学ジェンダー・リサーチ・ライブラリ（ＧＲＬ）が二〇一七年創設された。ジェンダー研究や交流の拠点となることをめざし、ライブラリとアーカイブを構築した。フェミニズム、ジェンダー研究に関わる図書、雑誌、リーフレットやパンフレットなど、多様な文献、史資料を二万二千冊所蔵・保存している。研究者はじめ学生、市民の利用によるジェンダー研究を実践的に発展させていくことを目的としている。

ライブラリの核として、六十年に渡る研究生活を通じて蓄えられた「水田珠枝文庫」が公開されている。先駆的なフェミニスト、メアリ・ウルストンクラフトの『女性の権利の擁護』初版（一七九二年）など貴重書、和書・洋書七千六百冊を所蔵、文庫の中には書籍を読むことができる座席も用意されている。

名古屋大学ジェンダー・リサーチ・ライブラリ（ＧＲＬ）
〒464-8601　名古屋市千種区不老町　名古屋大学内
http://www.grl.kyodo-sankaku.provost.nagoya-u.ac.jp/
東海ジェンダー研究所　https://libra.or.jp/

2 山川菊栄文庫

山川菊栄（一八九〇－一九八〇）は、戦前・戦後を通じての女性運動の指導者。戦後一九四七年に労働省の発足と同時に、初代婦人少年局長に就任し、多くの著作や論文を残した。労働省退職後、『婦人のこえ』を発刊、八年間この雑誌に執筆、また婦人問題の総合的研究団体として婦人問題懇話会を設立した。

かながわ女性センター（二〇一四年閉館、二〇一五年四月藤沢合同庁舎に移転）は、山川菊栄の長男山川振作より寄贈された蔵書をもとに、一九八八年十一月に「山川菊栄文庫」を開設した。一九九〇年には生誕百年記念の催しも行ったが、移転に伴い、山川菊栄文庫は、旧労働省婦人少年局資料・旧国鉄労働組合婦人部資料等とともに神奈川県立図書館に移管された。

山川菊栄文庫には、和書約四千三百冊、洋書約八九〇冊。図書以外にも直筆原稿、書簡、はがき類、写真、新聞記事、雑誌記事、愛用品（タイプライターなど）、「無料にて人権の相談に応じます」の看板、奉職辞令等多岐にわたる資料が収められている。

神奈川県立図書館
〒220－8585　横浜市西区紅葉ケ丘9－2
TEL（代表）045－263－5900

「山川菊栄文庫」一覧（ＯＰＡＣ検索）
https://www.klnet.pref.kanagawa.jp/winj/opac/search-genre.do?key=16&lang=ja
山川菊栄記念会（一九八一年十一月設立）https://yamakawakikue.org/

３ 公益財団法人市川房枝記念会女性と政治センター　図書室・展示室

市川房枝（一八九三–一九八一）は、一九一九年に「新婦人協会」を結成。一九二四年に「婦人参政権獲得期成同盟会」結成に参加。参議院議員当選五回（通算二十五年の在任）。「出たい人より出したい人」をと、有権者に推し出される「理想選挙」を自ら実践した。一九四六年に「婦選会館」を設立。二〇一三年四月より「公益財団法人市川房枝記念会女性と政治センター」としての運営に至る。センター内「市川房枝記念展示室」では、市川房枝の素顔や日本の女性参政権運動史を体感することができる。写真、著書、直筆原稿（自伝／絶筆）、愛用の品々など約八十点や、ビデオと晩年の居室を再現したコーナーがある。

また図書室（利用予約が必要）では、女性参政権獲得運動・各種選挙に関する史資料、戦前戦後の女性団体機関紙（誌）、女性雑誌、女性問題・女性運動関係新旧・内外図書など、約十万点に及ぶ史資料を保存している。二〇〇〇年からマイクロフィルムによって公開できるようになり、現在、約八万点が利用可能。蔵書目録（一九八三年、全七〇ページ）のＰＤＦをダウンロードできる。

公益財団法人市川房枝記念会女性と政治センター
〒151-0053　渋谷区代々木2-21-11　婦選会館
TEL　03-3370-0238
https://www.ichikawa-fusae.or.jp/

4 松井やより文庫

松井やより（一九三四-二〇〇二）は、日本のジャーナリスト、フェミニスト、元朝日新聞編集委員。社会部記者として福祉、公害、消費者問題、女性問題などを取材し、立川支局長、編集委員から一九八一年-一九八五年シンガポール・アジア総局員。

一九九四年朝日新聞社定年退職後、一九九五年にアジア女性資料センターを、一九九八年に「戦争と女性への暴力」日本ネットワークを設立して代表となる。二〇〇〇年十二月に、「戦争と女性への暴力」日本ネットワークが呼びかけた「日本軍性奴隷制を裁く　女性国際戦犯法廷」で国際実行委員会共同代表の一人となった。

二〇〇五年八月に松井の遺言を受けてオープンしたアクティブ・ミュージアム「女たちの戦

争と平和資料館」（ｗａｍ）は、松井が書いた新聞・雑誌・ミニコミの記事や書籍を閲覧できるコーナーを作っている。生誕八十九年となった二〇二三年八月、所蔵資料のデータベース「松井やよりが書いたもの」をオンラインで公開した。データベースには「朝日新聞全記事タイトル」、シンポジウム、インタビュー、対談などの記録、松井が書いたものへの反響（投書、書評、発言の引用、批評等）、訃報記事や追悼文などが含まれている。

アクティブ・ミュージアム「女たちの戦争と平和資料館」（ｗａｍ）

〒169－0051　東京都新宿区西早稲田2－3－18　AVACOビル　2F

TEL　03－3202－4633

FAX　03－3202－4634

E-mail　wam@wam-peace.org

https://db.wam-peace.org/yayori/guide/

5 一般財団法人石川武美記念図書館

主婦の友社創業者の石川武美は、一九一七年に雑誌『主婦之友』を創刊した。図書館は、石川武美が、出版で得た利益を雑誌の購読者である女性に還元したいと考え、また、女性のための図書館の必要性を痛感して設立した。一九四七年当初は、お茶の水図書館と称し女性専用の私立図書館として開館した。二〇〇三年に専門図書館へ転身し、男性の利用も可能になった。

所蔵資料は、近現代の日本の女性雑誌を蔵書の核とする「近代女性雑誌ライブラリー」と、古典籍や古文書を所蔵する「成簣堂（せいきどう）文庫」の二部門からなっている。

とくに「近代女性雑誌ライブラリー」は、最新刊の女性雑誌はもとより、『主婦の友』をはじめとする女性雑誌のバックナンバーが、創刊号に遡って揃っているところが、研究者にとっても非常に有用かつ魅力的である。また、「生活・実用」を主題とする図書を補完資料として収集している。現在、約九万冊の雑誌（和雑誌約千三百タイトル、洋雑誌約三十タイトル）と、約二万冊の図書を所蔵している。利用の際は、事前に閲覧申請（予約申込）が必要。

〒101－0062　東京都千代田区神田駿河台2－9
TEL　03－3294－2266
FAX　03－3291－1836
https://ochato.or.jp/

6 ウィメンズ アクション ネットワーク（英名：Women's Action Network 略称：WAN）

女性のネットワーク構築とエンパワーメントに寄与する事業を中心に行う社会運動団体、ウェブサイトの主体として、二〇〇九年五月二十一日、団体を設立した。立ち上げから現在まで上野千鶴子が力を注いだ。現在、東京都に本部を置く認定NPO法人。女性運動・女性学関連のポータルサイト「ウィメンズ アクション ネットワーク（WAN）」を運営している。多様なフェミニズム実践とジェンダー研究の情報を発信・集積し、ジェンダー平等を求める人々に交流の場を提供している。ウェブサイト運営だけではなく、シンポジウムの開催や交流会や相談会の開催、団体と個人を結びつけるネットワーク作りなども行っている。

ウェブサイト　https://wan.or.jp/

特色あるデータベース

ＷＡＮ女性学/ジェンダー研究博士論文データベース　登録論文数は一五六十件。

https://wan.or.jp/hakuron/search/

全国女性センターマップ　民間のセンターも含めた全国の男女共同参画センター

https://wan.or.jp/map/list/center

ミニコミ電子図書館　一九七〇年前後から、日本各地に生まれた草の根のミニコミ誌を電子データ化、ウェブサイト上に半永久的に保存している。

https://wan.or.jp/dwan

第三章

過去・現在・未来をつなぐジェンダー情報

1 過　去　Sharing the Past（過去の事実を共有する）

　第一章に記載されている通り、二〇一八年、婦人閲覧室の存在の有無について調べた結果をまとめて発表した。明治期、大正期、昭和戦前期まで、全国的な図書館への広がりと長きにわたって存在していたという結果だった。長い年月には、存続の是非を問う議論もあったが、「日本の図書館の婦人閲覧室は、基本的に図書館における女性への性差別を認識されず、その存在意義について、十分議論されずに存続した」と結論を書いた。

　婦人閲覧室の存在は、平面図や写真で確認できたが、図書館を利用する女性たちの実態は、そのときは把握できなかった。閲覧室を女性たちはどのように利用していたのか、また図書館はどのような資料を女性たちに提供していたのか。本書では、新聞、雑誌記事などから図書館と女性との関わりを明らかにした。

「婦人閲覧室」は、女性と図書館との関わりで、過去の性差別を表すジェンダー視点によるキーワードである。婦人閲覧室の存在に対する図書館員も含めて、「まあ時代が違うからね、そんな時代だからね」、「図書館は女性への差別と思わなかったのだろうね」という反応が多かった。

しかし、現在は平等な利用が可能であるが、当時は不平等社会を反映した図書館であったことを検証し、記録しておきたい。

もう一つのキーワードは、戦後の「買い物籠をさげて図書館へ」というキャッチコピーである。戦後は図書館の利用に性差別はなく、このキャッチコピーは、図書館にはなかった生活感を取り入れたと評価された。図書館のドアは大きく開かれ、女性と子どもの利用者が記録的に増加したことは評価したい。筆者もこの時期に地元の図書館に通った。

しかし、この買い物籠は、誰が下げて図書館に通うのだろうかと、女性たちは気づき始めていた。一九七〇年代、筆者は自治体の広報誌などのイラストのジェンダーチェックをしたことがあった。イラストに描かれる女性は、必ずエプロンをして子ども連れ、下駄ばき、買い物籠を下げている。仕事をしている女性はスーツにハイヒール、ハンドバックを下げていた。当時はまだ婦人閲覧室があった時代に続く性別役割分業社会であった。今は男性が買い物籠を下げても、子供を背負っても、違和感のない社会となりつつある。

当然と思って見過ごす差別が現在もまだあることを思い返す、記録を残す、過去を共有する意義がここにあるのだろう。近刊の『テーマで読むアメリカ公立図書館事典』を見るとすでに、アメリカの公立図書館では、ジェンダーやマイノリティーの視点を踏まえた図書館思想が長い年月議論されている。スザンヌ・ヒルデンブランド編著『アメリカ図書館史に女性を書き込む』

というタイトルを思い出す。日本の図書館史には、まだまだ女性は書き記されていない。同時に、第一章の資料からは、婦人閲覧室を利用していた女性たちのメッセージを受け取った。狭い婦人閲覧室をそれでも利用していた女性たち、学生時代から日比谷図書館を利用していた金子しげりの訴えと、上野図書館の「伸びる会」の活動の記録である。

金子しげり（別名山高しげり、一八九九－一九七七）は、日本のフェミニスト・政治家である。婦人参政権獲得期成同盟会の創設に加わり、参議院議員を務めた。日比谷図書館の老朽化に伴い、閉館することに対して、「図書館を利用する女性は主として貧しい方でここを唯一の勉強部屋としているのです。本を読む人から机を奪ってしまうことはそれだけでも残酷なことではありませんか」と、図書館を訪れる困難な生活にある女性の利用者を気づかい、「図書館の存在は女性の文化向上のための大きな礎石ではありませんか」と述べている。

また、上野の図書館の婦人閲覧室に通った女性たちがたびたび出会い、助け合い、励まし合う仲間としてグループができて、同じく図書館に通った宮本百合子の小説『伸子』にちなんで「伸びる会」と名付けた。図書館が女性の交流の場となったことを伝えている。二つとも婦人閲覧室から現在の男女共同参画センターと繋ぐ過去からのメッセージである。

2 現在 Debating the Present（今を問う）

現在の男女共同参画センター・ライブラリーの検討すべき事項を、筆者らの関わった男女共同参画センター、図書館員のキャリア研究フォーラムの活動から伝える。

（1）男女共同参画センター・ライブラリーのコレクションの可視化

長年にわたる蓄積で、ライブラリーの所蔵資料は増加しているが、貸出が増えない、利用率が下がる傾向にある。「女性問題」、「男女共同参画問題」という漠然とした発信ではなく、具体的なジェンダーのテーマでコレクション構築をするライブラリーの存在をアピールする。ライブラリーの規模が小さいセンターには、新刊本のみの収集ではなく、あらためて地域の特色、また女性史、男女共同参画政策などの行政資料にも着目して、収集方針を検討し、コレクションの蓄積を進めて行くことを推奨したい。

（2）多様な機関と相互連携の在り方を探る

ＮＷＥＣが現在実施している「図書パッケージ貸出サービス」は、第二章で報告されているように、二〇一一年に開始、ジェンダー視点で選書された図書が全国一三五の様々な機関で利用されている。今回、全国十二施設のライブラリーの活動を紹介したが、多くのライブラリーが、地域の公共図書館との連携を始め、小規模ではあるが、パッケージサービスを実施している。まだまだ多様な連携先やテーマの選択など、連携の可能性がある。図書の貸出のみならず図書館での企画情報の相互提供、そして各種図書館員の交流などから人的なネットワークを駆使した情報収集・発信が可能になるだろう。

近年、大学にジェンダー研究所が設立されて、研究分野での情報発信が活発となっていることも注目したい。名古屋大学では、歴史ある民間の東海ジェンダー研究所からの寄付と連携で、名古屋大学ジェンダー・リサーチ・ライブラリ（ＧＲＬ）が二〇一八年から開館、水田珠枝文庫を蔵書の核として、市民にも開放しつつ、ジェンダー研究の最新の情報を提供している。

（3）ライブラリーで働く職員の雇用と研修

図書館員のキャリア研究フォーラムは、設立当初から図書館で働く女性非常勤職員の問題を取り上げて来た。現在、指定管理者制度の導入によって、各種図書館のみならず、男女共同参画センターもコスト削減や期限付き雇用など継続して働けない制度となっている現状を把握している。図書館員としてのキャリアを継続し、過去の経験を蓄積して専門性を発揮し、現場に活かすことが困難な環境にある。図書館員としての専門性を高める研修制度の充実が必要とされている。特に、男女共同参画センター・ライブラリーは、施設規模が自治体によって異なり、また職員の配置も少なく、専任の職員がいない施設が多い。しかし、情報事業はセンター根幹の事業であり、デジタル社会を迎えるにあたっても、施設の大小や常勤・非常勤の雇用形態にかかわらず、ジェンダー課題の研修機会は与えられるべきである。今後、職員の専門性強化なしには、男女共同参画センターの機能強化に繋がらない。

3 未来 Creating the Future(未来を拓く)

世界経済フォーラム（ＷＥＦ）は、男女格差の現状を各国のデータをもとに評価した「Global Gender Gap Report」（世界男女格差報告書）の二〇二三年版を発表した。日本のジェンダーギャップ指数は参加一四六カ国中一二五位で過去最低。相変わらず政治・経済界における男女平等がすすんでいない。

(1) NWECの内閣府移管 男女共同参画センターの機能強化

内閣府は、「新しい資本主義」の中核と位置付けられた女性の経済的自立を始め、全国津々浦々で男女共同参画社会の形成を促進するため、「女性活躍・男女共同参画の重点方針 ２０２３」に基づき、独立行政法人国立女性教育会館の内閣府への移管や、同法人及び男女共同参画センターの機能強化を図るための所要の法案について、二〇二四年通常国会への提出を目指すこととしている。男女共同参画センターの機能強化を図るに当たり、ワーキンググループを立ち上げ、その業務及び運営に係るガイドラインの作成に関する検討を行う予定であると発表した。

情報事業の機能強化の内容には、デジタル人材の育成などが挙げられているが、五十年近く蓄積したジェンダー情報に関するコレクション、ライブラリーの運営については議論の俎上に挙げられていない。ライブラリーのコレクションは未来の日本の女性たちのアーカイブである。デジタル化がともすれば本や資料の処分に繋がることを危惧して、現場の意見や、多様な分野の人々の意見が取り入れられることを期待したい。

（2）国際的なジェンダー課題の共有

国内の男女共同参画推進政策と同時に、一九七五年以来の国際的なジェンダーに関する共通課題に関する情報共有は、日本にとってますます重要性を増している。より持続可能な未来を築くための「持続可能な開発目標」（ＳＤＧｓ）は、二〇三〇年までに十七の目標・ターゲットを達成することになっている。ジェンダーは、第五ターゲットで、他の目標との相互の取り組みを期待されている。ＳＤＧｓの取り組みなどは、公共図書館への男女共同参画センター・ライブラリーの資料提供が可能であろう。国際会議などジェンダーに関する国際的なネットワークに関心を持ち、参加することも必要である。

① 国際女性デー（三月八日）に市立図書館と連携展示

東京都東久留米市男女共同参画センター（フィフティ・フィフティ）は、市役所庁舎内のコーナーに小さなライブラリーがあるが、毎年三月八日の国際女性デーに向けて市立図書館で展示を行っている。

国際女性デーは、女性の地位向上、女性差別の撤廃を目指す、国際的な連帯と統一行動の日で、国際デーに制定されている。海外では祝日となっている国も多い。国際女性デーをきっかけに、図書館での展示や、将来は全国的なキャンペーンが行われることを期待している。

② 国連女性の地位委員会（CSW：UN Commission on the Status of Women）

毎年三月にニューヨークの国連本部で開催される。政治・経済・社会・教育分野等における女性の地位向上に関し、国連経済社会理事会に勧告・報告・提案等を行う委員会である。

一九四六年に発足し、日本は一九五八年から参加している。毎回審議するテーマが決定しており、六十八回のテーマは、「ジェンダー視点に立った貧困対策、制度及び財源調達に取り組み、ジェンダー平等とすべての女性・少女のエンパワーメント達成を加速する（仮訳）」である。コロナ禍以降は、Zoomやデジタル発信が多くなり、時差を越えて、日本からも受信・発信する機会が多くなっている。

二章で紹介した縫田曄子も政府代表として一九六八年、一九六九年、一九八一〜一九八五年に出席している。二〇二五年は、北京会議（第四回国連女性会議）から三十年となる。

（3）デジタル社会に向けて

二〇二三年のCSW67、国際女性デーのテーマは、「デジタル技術による男女の経済的・社会的不平等の是正」を掲げた。日本はとりわけSTEM（科学、技術、工学、数学）分野の女性の教育、女性活躍が国際的にも遅れている。「デジタル技術へのアクセスにおける大きなジェンダー格差」に対する「女性デジタル人材育成プラン」等の政策の推進が必要である。

ライブラリーは、知る権利を保障する機関として、情報格差を是正するためのユニバーサルアクセスを保障する機能が求められている。

おわりに

これまで筆者たちが調査活動を続けるに際し、多くの旧知の方々から、たくさんの励ましと教えを受けた。ここに記して感謝をお伝えしたい。

丸本郁子先生（故人）は、日本図書館協会図書館利用教育委員会のリーダーとして、長いお付き合いをさせていただき、図書館におけるジェンダー視点についても多くの気づきをいただいた。筆者たちが、やっとまとめた「婦人閲覧室」についての小論をお送りしたときに、「時代の不平等社会の状況を反映していた当時の図書館の姿が見えてますね、でも拡張を願い出る女性利用者がいたり、行動に移す女性が書きだされていて、涙ぐみます」とお返事をいただき、こちらも涙であった。

また、多忙ななかで聞き取りに応じてくださった方々、なかでも大野曜元国立女性教育会館館長には、ＮＷＥＣ設立の経緯、また全国の女性関連施設についてのお話を伺った。元東京都婦人情報センター専門員の山口恵美子さんにも、開設当時の貴重なお話を伺った。

本文中にも登場する尼川洋子さんには、国際会議などの資料を多く提供していただいた。

さらに、今回、一冊の本にまとめるにあたり、多くの方々にご協力をいただいた。

まず、各地の男女共同参画センター・ライブラリーの最新の状況を伝えてくださったライブラリーの方々には、やり取りを重ねて、たいへんなご苦労をおかけした、感謝をお伝えしたい。

二〇一五年頃から婦人閲覧室の調査を始めて以来、そして今回の執筆に際しても、各地の図書館にたびたびレファレンスをお願いし、懇切丁寧な回答をいただいた。多くの図書館員の方々の調査能力を尊敬し、深く感謝するものである。

また、市村櫻子さん、黒澤あずささんには執筆協力者として貴重なアドバイスをいただき、出版への道を共に歩んでいただいた。

最後に、「図書館サポートフォーラムシリーズ」への執筆と出版の機会を与えてくださった日外アソシエーツ株式会社の山下浩社長、遅れがちな原稿を待ち続けてくださった編集部の皆さまに心からの感謝を申しあげたい。

二〇二三年初冬

青木 玲子
赤瀬 美穂

◉執筆分担

青木　玲子　第一章3、第二章1・2・3（1）（2）③（3）・5
　　　　　　6（2）（3）①②③④⑥、第三章

赤瀬　美穂　第一章1・2、第二章3（2）①②・6（3）⑤

＊市村　櫻子　第二章4

＊黒澤あずさ　第二章6（1）

＊市村　櫻子：東京大学 工学系・情報理工学系等 特任専門員
図書館員のキャリア研究フォーラム共同代表

＊黒澤あずさ：香川大学 ダイバーシティ推進室 特命准教授 コーディネーター
図書館員のキャリア研究フォーラム共同代表

JAWW（日本女性監視機構） CSW67報告会「ジェンダー平等と全ての女性と女児のエンパワーメントの達成のためのイノベーション、技術革新、デジタル時代の教育」（CSW67　優先テーマ 2023）
https://www.jaww.info/pkobo_news/upload/116-1.pdf（最終アクセス：2023年11月25日）
NWEC CSW 基礎知識
https://www.nwec.go.jp/about/publish/jpk9qj00000009ip.html（最終アクセス：2023年11月25日）
青木玲子「図書館とSDGs：ジェンダー視点をターゲットとして」『専門図書館』機関誌委員会編（306） 2021年９月　p.14-20
名古屋大学ジェンダー・リサーチ・ライブラリ
http://www.grl.kyodo-sankaku.provost.nagoya-u.ac.jp/（最終アクセス：2023年11月25日）
相関図書館学方法論研究会編著『テーマで読むアメリカ公立図書館事典　図書館思想の展開と実践の歴史』（図書館・文化・社会８）松籟社　2023年９月

石川敬史・青木玲子・市村櫻子・黒澤あずさ・櫻田今日子「女性図書館員・情報担当者のキャリア形成に関する予備的考察」『日本教育情報学会年会論文集』2013年 p.300-301
石川敬史・青木玲子・市村櫻子・黒澤あずさ・櫻田今日子「女性図書館員・情報担当者のライフコースとキャリア形成」『日本教育情報学会年会論文集』2014年 p. 56-57
黒澤あずさ「第80回国際図書館連盟（IFLA）年次大会」『月刊ウィラーン』2014.11/12合併号 p.14-15
黒澤あずさ「図書館員のキャリア研究フォーラム講演会報告」『月刊ウィラーン』2016. 8 月号 p.10-11
青木玲子「小特集・IFLAコロンバス大会レポート　女性ライブラリアンのサテライトミーティング　in ノースウェスタン大学」『図書館雑誌』2016年12月号 p.786
黒澤あずさ「図書館員のキャリア研究フォーラム講演会報告」『月刊ウィラーン』2018. 3 月号 p.12-13
日本図書館協会非正規雇用職員に関する委員会編『非正規雇用職員セミナー「図書館で働く女性非正規雇用職員」講演録』（JLA Booklet no.12）2022年
岡本真他編『ライブラリー・リソース・ガイド』第40号 2022年夏号　アカデミック・リソース・ガイド2022年
(2) コレクション構築に向けて
日本図書館情報学会研究委員会編『情報の評価とコレクション形成』勉誠出版 2015年
青木玲子「専門図書館をジェンダーの視点で考える：連携の構築をキーワードとして」『専門図書館』(291)　機関誌委員会編（2018-09）p. 68-73
『月刊ウィラーン』（公財）日本女性学習財団（1952年創刊）https://www.jawe2011.jp/（最終アクセス：2023年11月25日）
杉並区女性団体連絡会/杉並区『ゆう杉並で見つけた！』第一号（2022年 5 月）
杉並区「男女共同参画センター（ゆう杉並）
https://www.city.suginami.tokyo.jp/guide/kusei/jinken/1005363.html（最終アクセス：2023年11月25日）

第三章　過去・現在・未来をつなぐジェンダー情報

内閣府　https://www.gender.go.jp/kaigi/senmon/keikaku_kanshi/index.html（最終アクセス：2023年11月25日）
「独立行政法人国立女性教育会館（NWEC）及び男女共同参画センターの機能強化に関するワーキング・グループ報告書」（2022年 4 月）
内閣府「男女共同参画センターにおける業務及び運営についてのガイドライン作成検討ワーキング・グループの開催について」2023年10月13日
内閣府　https://www.gender.go.jp/kaigi/senmon/keikaku_kanshi/siryo/pdf/ka27-5.pdf（最終アクセス：2023年11月25日）

2003　p. 3 -12
江口愛子・森未知・尼川洋子「平成14年度 ヌエック（国立女性教育会館）公開シンポジウム 女性情報を有効に使うために-女性情報シソーラスの開発と活用〔含 質疑応答〕」『国立女性教育会館研究紀要』7　2003　p.119-136
丑木幸男『アーカイブズの科学　上巻』 柏書房　2003　p. 1 - 2
神田道子『女性アーカイブセンター機能に関する調査研究報告書』 国立女性教育会館　2007 「はじめに」
https://www.nwec.go.jp/about/publish/2006/ndpk5s0000000zl6.html（最終アクセス：2023年10月15日）
データベース一覧：https://www.nwec.go.jp/database/list/index.html（最終アクセス：2023年10月15日）
winet : https://winet.nwec.go.jp/（最終アクセス：2023年10月15日）
文献情報データベース：https://winet2.nwec.go.jp/bunken/opac_search/?lang=0（最終アクセス：2023年10月15日）
レファレンス事例集 : https://winet.nwec.go.jp/reference/
（最終アクセス：2023年10月15日）
シソーラス用語検索 : https://winet.nwec.go.jp/thesaurus/
（最終アクセス：2023年10月15日）
CASS : https://winet2.nwec.go.jp/cass/
（最終アクセス：2023年10月15日）
女性アーカイブセンター資料群一覧 :
https://www.nwec.go.jp/database/list/archives.html
（最終アクセス：2023年10月15日）

5　男女共同参画センター・ライブラリーの現在

内閣府「独立行政法人国立女性教育会館（NWEC）及び男女共同参画センターの機能強化に関するワーキング・グループ報告書概要」
https://www.gender.go.jp/kaigi/senmon/wg-nwec/pdf/wg_gaiyou.pdf
女性関連施設データベース　https://winet.nwec.go.jp/sisetu/information-service/
国立女性教育会館『女性関連施設の情報事業に関する調査報告書・事例集』2013年
青木玲子「男女共同参画センターライブラリー――平等なアクセスを基盤とした情報リテラシー」『現代の図書館』vol.51　no 3　日本図書館協会現代の図書館編集委員会　2013年 9 月 p.187-193

6　これからの課題

（1）女性図書館員とキャリア

市村櫻子・青木玲子・石川敬史・黒澤あずさ・櫻田今日子「生涯にわたるキャリア形成を支援する「図書館・情報担当者をエンパワーする一情報事業に関わる女性のキャリアをひらく」開催報告」『薬学図書館』58（4）2013年 p.311-318

山口恵美子「私の職場日記―東京都婦人情報センター」『月刊社会教育』No.274 1980年　p.67-72
東京都生活文化局婦人青少年課「東京都婦人情報センター訪問」『東京の女性』創刊号　1980年

3　女性情報を探して

FLINT（女性と図書館・ネットワーク）『FLINTニュース』Vol.10　No.1　1993年
Eva Steiner Mosely ed. By “Women, Information, and the Future”, Highsmith Press, 1995.
尼川洋子『女性情報をめぐる世界の女性たちの活動』大阪府内女性関連施設協議会　1998年12月
“European Women's Thesaurus: list of controlled terms for indexing information on the position of women and women's studies”ed.by IIAV,1998.
https://institute-genderequality.org/frames-on-gender/
（最終アクセス：2023年11月25日）
橋本ヒロ子「第４回女性情報国際会議（know how Conference）に出席して」『マンスリー北京JAC』第108号　2006年９月１日
青木玲子「研究レポート：女性情報国際会議 KNOW HOW（ノウハウ）会議メキシコ報告」『月刊We learn』（公財）日本女性学習財団　Vol.649　2007年　p.３-６
尼川洋子「女性情報のグローバルなネットワークをめざして－女性情報によるエンパワーメント戦略の展望と提言」『国立女性教育会館研究紀要』第８号　2004年　p.93-99

4　国立女性教育会館（NWEC、ヌエック）

大野曜「国立女性教育会館の設立の経緯と当初の基本理念」『独法国立女性教育会館職員研修』2023年６月22日　配布資料
鈴木彬司「婦人教育情報センター基本構想について」『婦人教育情報』12　1985　p.25-28
縫田曄子『情報との出合い：語り下ろし』ドメス出版　1999年11月 p.214-217
国立婦人教育会館（仮称）に関する懇談会『国立婦人教育会館（仮称）の事業運営について』1977　p.３-４
濱田すみ子・青木玲子「国立女性教育会館「国際女性情報処理研修」の五年間－アジア・太平洋地域女性のエンパワーメント支援－」『国立女性教育会館研究ジャーナル』10　2006　p.101-112
https://nwec.repo.nii.ac.jp/records/16896（最終アクセス：2023年11月10日）
尼川洋子「女性情報のグローバルなネットワークをめざして―女性情報によるエンパワーメント戦略の展望と提言―」『研究紀要』8　2004　p.93-99
田中和子・加藤直樹・安達一寿・江口愛子・森未知「女性情報シソーラスと参照機能を組み込んだデータベース検索システムの開発」『教育情報研究』18(4)

191　ベアテ・シロタ・ゴードン／語る人『ベアテと語る「女性の幸福」と憲法』晶文社　2006年　p.54-55

〔参考文献〕

第二章　男女共同参画センター・ライブラリー

1　戦後の図書館と女性

日本図書館協会編『中小都市における公共図書館の運営』日本図書館協会　1963年
佃一可・高山正也「展望―戦後日本の公共図書館」今まど子・高山正也編著『現代日本の図書館構想：戦後改革とその展開』所収　勉誠出版　2013年
石井桃子『子どもの図書館』岩波書店　1965年
「異色のグループ活動<PTA母親文庫>が図書館活動を定着化」『図書新聞』1976年12月11日
「文庫活動から図書館づくり、広がるは親活動」『読売新聞』1975年10月27日
全国子ども文庫調査実行委員会編『子どもの豊かさを求めて3－全国子ども文庫調査報告書』日本図書館協会　1995年12月
高橋樹一郎『子ども文庫の100年－子どもと本をつなぐ人びと』みすず書房　2018年11月
婦人教育のあゆみ研究会『自分史としての婦人教育』ドメス出版　1991年6月
NWECデジタルアーカイブ資料群2「稲取婦人学級」
https://w-archive.nwec.go.jp/il/meta_pub/sresult（最終アクセス：2023年11月25日）
伊藤雅子『子どもからの自立：おとなの女が学ぶということ』未来社　1975年4月
村田晶子『「おとなの女」の自己教育思想：国立市公民館女性問題学習・保育室活動を中心に』社会評論社　2021年7月
山梨あや『近代日本における読書と社会教育』法政大学出版会　2011年

2　全国的な男女共同参画センター・ライブラリーの成立

大野曜「女性関連施設の沿革と女性団体」『女性の学びを拓く：日本女性学習財団70年のあゆみ』日本女性学習財団編　ドメス出版　2011年3月
縫田曄子『情報との出合い：語り下ろし』ドメス出版　1999年11月
縫田曄子編『あのとき、このとき　女性行政推進機構の軌跡』ドメス出版　2002年2月
NWECデジタルアーカイブ資料群33「縫田曄子資料」
https://w-archive.nwec.go.jp/il/meta_pub/sresult（最終アクセス：2023年11月25日）
放送利用学習研究会編『婦人と放送学習：NHK婦人学級13年の体験を通して』ひかり印刷　1980年

166 「紅一点　図書館員教習生二十四名の男子の中に後藤しま子さん」『東京日日新聞』1922年５月31日
167 「女図書館員が六名巣立つ　一人は女大出」『読売新聞』1925年３月26日
168 西村正守「帝国図書館婦人職員略史」『図書館研究シリーズ』17　1976年２月　p.46-49
169 「本年卒業の婦人図書館員　興津寿江さん」『読売新聞』1926年４月６日
170 「世に出る婦人図書館員三名　年々希望者が殖える」『読売新聞』1927年２月４日
171 「女図書館員は真ツ平御免と　養成所来年より女人禁制　想像力が乏しいと」『読売新聞』1927年３月２日
172 「古手の教員を採用せず　図書館学校を新設　卒業生には司書の肩書を与え　来年から文部省で実施」『読売新聞』1929年４月８日
173 前掲 168　p.49-50
174 「誉れの紅一点　図書館員養成所を巣立つ成績抜群の小林嬢」『読売新聞』1934年３月８日
175 「図書館雑談（下）－通俗図書館－　帝国大学図書館長和田万吉（談）婦人と図書館事業ほか」『読売新聞』1910年８月23日
176 「婦人を図書館員として従業せしむるの可否」『図書館雑誌』45　1921年　p.60
177 今澤慈海「婦人図書館員」『社会と教化』２（9）1922年９月　p.64-65
178 竹林熊彦「日本の婦人図書館員に就いて」『図書館雑誌』第21年第５号　1927年５月　p.161-164
179 鈴木賢祐「図書館員としての婦人（私見と実例一つ）」『図書館雑誌』第21年第７号　1927年７月　p.219-221
180 堀口貞子「婦人図書館員諸姉へ」『図書館雑誌』第26年第４号　1932年４月　p.90-92
181 前掲 168　p.45-46
182 「京都大阪神戸及日比谷図書館」（四 女子の事務員）『図書館雑誌』No.18（41）1913年９月　p.25-27
183 前掲 23　p.23
184 前掲 23　p.21
185 「今一つの職業婦人 ローサンゼルス図書館に働くミラー嬢」『読売新聞』1926年８月11日
186 「婦人図書館員を可愛って〔本文ママ〕下さい」『読売新聞』1927年４月17日
187 「書庫の青春　ぢみですがその割合に確実な近代職業『婦人司書』」『国民新聞』1935年４月２日
188 前掲 168　p.51-53
189 宮崎真紀子「日本最初の女性図書館学留学生」『図書館文化史研究』No.24　2007年　p.121-138
190 「日比谷図書館長に貞閑さん　突然もうびっくり　女性の局長職　はえぬきで初めて」『朝日新聞』1972年７月16日

138　「社説　婦人と新聞紙」『婦女新聞』第48号　1901年４月８日
139　「婦人読書倶楽部　今井大阪図書館長談」『大阪新報』1909年９月23日
140　「自由な婦人図書館　三輪田高等女学校の一学期間のこころみ」『婦人週報』3(28) 1917年　p. 6
141　「県立図書館を観る（上)」『いはらき』1904年６月８日
142　伊東平蔵「館外貸出に就いて」『図書館雑誌』No.24　1915年　p.42
143　与謝野晶子「女子の読書（一九二〇年二月)」『定本与謝野晶子全集』第17巻　講談社　1980年９月　p.564-565
144　「図書館通いの時間を持たぬ婦人生活の改善が第一　府立第一高女校長　市川源三」『読売新聞』1926年11月６日
145　前掲 11
146　前掲 24　p.154-155
147　伊東平蔵「館外貸出に就いて」『図書館雑誌』No.24　1915年　p.42
148　『岡山婦人読書会々誌　創立十周年記念号』第10号　市立岡山図書館　1932年　p.35
149　『徳島県立図書館百年史』徳島県立図書館　2018年　p.48
150　熊野勝祥『香川県図書館史』香川県図書館学会　1994年6月　p.120
151　「岩手県立図書館30年の歩み」『岩手県立図書館報　いわて』No.10　1953年　p.18
『岩手県立図書館のあゆみ　新館落成記念誌』岩手県立図書館　1969年　p.10-11
152　「婦人の読書指導に乗出す　上野図書館が」『都新聞』1932年10月14日
153　村上信彦『大正期の職業婦人』ドメス出版　1983年11月　p.21, p.104
154　前掲 79　p.136
155　山内陽子「『婦人公論』の職業婦人に関する記事」『婦人雑誌にみる大正期－『婦人公論』を中心に』近代女性文化史研究会　1995年３月　p.45-52
156　「最近調査婦人職業案内」『主婦の友』大正７年３月号　1918年　p.58-80
157　『婦女界』31（3）附録　1925年３月
158　佐瀬文哉『文化的婦人の職業』自光社　1924年９月　p.84-85
159　「婦人の職業として　高尚で収入のよい図書館員　各地の図書館で婦人を求める　文部省で今度男女共学の図書館学校を設ける」『読売新聞』1924年５月17日
160　「女にふさわしく高尚でもある婦人司書　初任給で五十円位　ゆくゆくは奏任官」『読売新聞』1929年８月28日
161　「知識的な婦人職業」『婦女界』49（3）1934年　p.188-189
162　「図書館員教育の為教習所開設」『東京日日新聞』1921年４月21日
163　「男女共学の図書館員の養成　来月一日から開始　婦人は児童部の為めに　同所出身は文部で世話」『東京朝日新聞』1921年５月30日　「文部省の図書館員養成　男女共学で男三十名女が六名」『読売新聞』1921年５月30日
164　「図書館事業に携る四人の若い婦人　文部省の講習会に出席して男女共学で熱心に勉強中」『読売新聞』1921年６月６日
165　「良成績で引張り凧の婦人の図書館員　文部省第一回の講習会員卒業　目下第二回の計画中」『読売新聞』1922年２月27日

108　前川恒雄・石井敦『新版　図書館の発見』日本放送出版協会（NHKブックス1050）2006年１月　p.20
109　「女学生の読物（十二）田中帝国図書館長」『日本』1906年11月17日
110　「日比谷図書館」『時事新報』1906年11月22日／「新築県立図書館　館長渡邊徳太郎氏談」『山形日報』1910年５月５日
111　佐藤政孝『東京の近代図書館史』新風舎　1998年　p.68-69
112　貞松修蔵編『葵文庫ト其事業』静岡県立葵文庫　第３号（９月号）1926年９月　p.10
113　前掲 23　p.22
114　前掲 48　p.11
115　松本喜一「婦人としての読書の範囲・選択・標準」『婦人公論』10（12）1925年11月　p.93-100
116　「図書館の分布　日比谷図書館長　渡邊又次郎氏談」『毎日電報』1909年10月15日
117　「市内図書館の婦人室」『東京二六新聞』1909年11月18日
118　「婦人と図書館　女は何を読むか」『中央新聞』1910年５月17日
119　「男子と同じく思想したい」（1916年11月）『定本与謝野晶子全集』第16巻　講談社　1980年　p.286-287
120　「家庭図書室の話　内田魯庵談」『時事新報』1910年7月17日
121　前掲 25　p.62
122　前掲 26　p.118
123　前掲 13　p.74
124　「図書館の利用如何」〔大阪図書館の例〕『大阪朝日新聞』1904年12月4日
125　前掲 56
126　前掲 103
127　前掲 98
128　「婦人の読書と事変の影響　文学ものから実生活へと移行　外交、政治には無関心か」『読売新聞』1939年２月20日
129　「婦人と図書館　もっと利用して欲しい　小説より時局の認識へ」『読売新聞』1939年９月28日
130　原田栄一郎「図書館から観た婦人の読書」『女性日本人』第３巻12月号　1922年12月　p.91-94
131　前掲 45
132　前掲 101
133　石田あゆう「大正期婦人雑誌読者にみる女性読書形態―『主婦之友』にみる読者像」『京都社会学年報』第６号　1999年　p.168
134　野田宮逸「婦人雑誌について」『鎌田共済会雑誌』9（1）1932年　p.54-55
135　前掲 79　p.111-112
136　『職業婦人読書傾向調査（昭和10年）』日本図書館協会編・発行　1935年　15p
137　松村由利子『ジャーナリスト与謝野晶子』短歌研究社　2022年９月　p.10-12

76 「暮の図書館（略）婦人の夜間閲覧廃止説（略）」『読売新聞』1912年12月21日
77 『熊本県立熊本図書館一覧』（大正５年）熊本県立熊本図書館　1917年　p.2
78 「婦人の読書欲　図書館の閲覧室」『読売新聞』1916年３月７日
79 『職業婦人に関する調査』（大正13年）東京市社会局　1924年　p.137
80 前掲 53　p.17
81 「中の島図書館より」『大阪毎日新聞』1909年２月26日
82 前掲 6
83 「図書館と世相　上野図書館長　松本喜一」『東京日日新聞』1928年10月22日
84 「大阪図書館と婦人」『大阪毎日新聞』1910年８月19日
85 「文芸より学芸へ　出版界近頃の傾向と一致する婦人読書階級の趨勢」『読売新聞』1926年２月14日
86 『京都府立京都図書館沿革誌』京都府立京都図書館編・発行［1944年頃］p.46
87 前掲 9
88 「図書館に書を読む女　真実に勉強する人はまだ尠い」『読売新聞』1915年４月２日
89 「風潮と図書館　上野図書館の昨今」『九州日日新聞』1910年２月３日
90 「日比谷図書館　婦人閲覧者は大勉強」『中外商業新報』1910年２月23日
91 「読書界の近況　上野、日比谷の図書館　図書館から女医」『中外商業新報』1911年３月１日
92 「図書館へ十五年間一日の如く通ふ　本間老婦人」『読売新聞』1925年９月22日
93 「暮の図書館－青鞜社連の研究－」『読売新聞』1912年12月21日
94 前掲 61
95 「どんな書物を婦人は読むか　上野図書館の調べ」『読売新聞』1918年12月１日
96 「汗だくの読書子　日に二千人のバラック図書館」『東京日日新聞』1924年８月４日
97 前掲 62
98 「真面目になった婦人の読書」『東京日日新聞』1924年11月28日
99 「図書館から見た婦人思想界の傾向　思索的なものとめっきりふえた社会科学の研究　苦学の婦人も多い」『読売新聞』1929年10月25日
100 前掲 9
101 「婦人と読書　図書館について観る　どんな書物が読まれるか」『東京朝日新聞』1931年６月12日
102 前掲 65
103 「若い女学生が図書館で家事や育児の本を　此頃の婦人の読書の傾向」『読売新聞』1920年６月17日
104 前掲 2　p.75
105 「女学生の理想」『女学雑誌』263号　1891年　p.343-345
106 前掲 20　p.25, p.29
107 前掲 2　p.75

手毎日新聞』1922年５月29日
46　「赤ん坊を負んぶし乍ら楽に本が読める　婦人専用の図書館ができた」『読売新聞』1933年９月16日
47　『県立長野図書館十年史』県立長野図書館　1939年　p.44-45
48　『東京市立図書館と其事業』No.53（京橋図書館號）1929年　p. 5
49　栗鼠林館長（秋岡梧郎）「漫談　便所政策」『秋岡梧郎著作集　図書館理念の実践の軌跡』日本図書館協会　1988年　p.117-118
50　清水豊子「随感　図書館に到りての感」『女学雑誌』252号　1891年　p.45-46
51　前掲 3　p.38
52　「読書の婦人」『花の園生』42号　1894年７月　p.35
53　『大阪府立図書館五十年史略』大阪府立図書館　1953年11月　p.14,17
54　『秋田県立秋田図書館沿革誌』秋田県立秋田図書館　1961年　p.60-61
55　「図書館談（八）《田中帝国図書館長》」『日本』1902年４月８日
56　「書を読む人達　上野の婦人閲覧室」『読売新聞』1916年８月20日
57　佐藤政孝『図書館発達史』みずうみ書房　1986年３月　p.227-228
58　「夏の図書館」『大阪毎日新聞』1907年８月26日
59　「宮城書籍館近事」『東北新聞』1905年５月８日
60　前掲 25　p.59,『県立長崎図書館50年史』県立長崎図書館　1963年　p.25
61　K子「図書館の婦人　智識の公開の倉庫を如何に利用せるか」『婦人週報』3（8）1917年　p. 8
62　「婦人の読書家で大入満員の図書館」『読売新聞』1924年10月10日
63　前掲 9
64　「図書館から観た日本の女性　まだまだ心細いかぎり」『読売新聞』1933年４月19日
65　「上野の図書館　古書を写す婦人　意外なところに新しい職業」『朝日新聞』1940年５月15日
66　宮本愛「戦前における公共図書館の女性利用者－1930年代東京市立図書館を中心に－」『日本図書館情報学会誌』63（4）2017年12月　p.216-217
67　「新女性教養は古典と法律　図書館利用の新分野」『東京日日新聞』1940年6月28日
68　永嶺重敏「明治期の公共図書館と利用者－図書館利用者公衆の形成過程－」『図書館界』49（5）1998年　p.265-266
69　前掲 56
70　「図書館の夜間開館」『常総新聞』1906年３月31日
71　「牛込の新図書館」『やまと新聞』1909年７月31日
72　前掲 25　p.56　p67
73　『弘前図書館六十年の歩み』弘前図書館　1966年　p.40
74　『和歌山県立図書館百年の歩み　そして、次の一歩へ』和歌山県立図書館　2008年　巻末資料編　p.16, 前掲60『県立長崎図書館50年史』p.55
75　『福岡県立図書館報』第１号（大正七年四月廿日）1918年　p. 2

19 『100年のあゆみ　秋田県立図書館創立100周年記念誌』秋田県立図書館　2009年2月　p. 9
20 『明治女性の知的情熱』（女の一生：人物近代女性史７）講談社　1981年　p.34
21 小黒浩司「日本における図書館利用者の歴史的変遷について」『現代の図書館』50（3）2012年９月　p.151
22 宮崎真紀子「戦前期の図書館における婦人室について－読書する女性を図書館はどう迎えたか」『図書館界』53（4）　2001年　p.434-441
23 『山口県立山口図書館100年のあゆみ』山口県立山口図書館　2004年　p. 5
『山口図書館五拾年略史』山口県立山口図書館　1953年　p.25, p.38
24 佐野友三郎「巡回文庫論」石井敦編『佐野友三郎』（個人別図書館論選集）日本図書館協会　1981年　p.154
25 『石川県立図書館要覧』（昭和５年度末現在）石川県立図書館　1931年　p.62
26 『石川県立図書館七十年のあゆみ』石川県立図書館　1983年３月　p.118
27 『大橋図書館トピック』第43号　1940年
28 吉屋信子「図書館のこと」『処女読本』健文社　1936年　p.113-119
29 網野菊「仮入学生」『網野菊全集』第２巻　講談社　1969年　p.100
30 宮本百合子「蠹魚」『宮本百合子全集』第17巻　新日本出版社　1981年　p.182-187
31 清水正三編『戦争と図書館』（昭和史の発掘）白石書店　1977年　p.106-107
32 宮本百合子「図書館」『宮本百合子全集』第17巻　新日本出版社　1981年　p.706-709
33 前掲 10　p.62
34 橘井清五郎「（海外時報）婦人室に就て」『図書館雑誌』No.20　1914年　p.47-48
35 「男女同席の図書館　名古屋公衆図書館が試みて…何れは全国同じ様に」『読売新聞』1925年６月20日
36 「婦人閲覧室を特設するの可否　研究課題　其一」『図書館雑誌』No.85　1926年　p. 7　No.87　1927年　p.74
No.88　1927年　p.99　No.89　1927年　p.139
37 伊藤昭治「2002年度図書館研究奨励賞について」『図書館界』55（1）2003年　p.51
「エッ！今どき男女別閲覧室　『なぜなの』ヤングが苦情　新年度から見直し千代田図書館」『読売新聞』1985年１月11日　「千代田図書館　『男女別閲覧室』存続へ　利用学生の４分の３が支持」『読売新聞』1985年３月13日
38 前掲 3　p.38-39
39 「都府の花なる図書館（五）　閲覧者の公徳」『東京二六新聞』1905年１月15日
40 「新築の京都図書館」『大阪毎日新聞』1909年４月４日
41 「五月雨の図書館」『鹿児島新聞』1910年６月26日
42 「改築された上野図書館　専門の色を帯びたる婦人閲覧室」『読売新聞』1914年５月19日
43 「各県教育視察記（廿）茨城県（六）」『読売新聞』1906年10月１日
44 「図書館と婦人　大橋図書館の昨今」『中央新聞』1910年２月12日
45 「図書館に現われた婦人の読書熱　婦人閲覧室が狭くて外の室まで利用する」『岩

◉各章ごとの引用文献・参考文献

〔引用文献〕

刊行にあたって

1　青木玲子、赤瀬美穂「明治・大正・昭和戦前期の婦人閲覧室」『図書館文化史研究』 No.35　2018年　p.21-51

第一章

1　『山梨県立図書館50年のあゆみ』『県立長野図書館十年史』『石川県立図書館七十年のあゆみ』『富山県立図書館の50年』『岐阜県立図書館史　創立前史より平成７年新館開館まで』『徳島県立図書館50年史』『前橋市立図書館概覧』『和歌山県立図書館百年の歩み　そして次の一歩へ』『三重県立図書館30年史』『名古屋市鶴舞中央図書館50年史』『滋賀県彦根図書館報 昭和３年12月』『佐賀県立図書館60年のあゆみ』の各図書館館則から採集。

2　鳥居美和子「婦人閲覧室雑感」『学友会雑誌』（文部省図書館講習所学友会）4　1934年　p.74

3　「日記　わか草」（明治24年７月－８月）『樋口一葉全集』第３巻　新世社　1941年　p.38

4　「図書館巡り（一）魯智深　神田簡易図書館－東京市立－」『読売新聞』1912年４月２日

5　「御大喪中帝国図書館　閲覧者は毎日満員」『日本新聞』1912年８月30日

6　「閲覧室の婦人　一日二十名位」『読売新聞』1916年７月２日

7　『堺市立図書館100年史　1916－2016』堺市立中央図書館　2016年　p.３

8　小黒浩司「渡邊ハナ子氏インタビュー記録」『土浦短期大学紀要』第24輯　1996年　p.84

9　「新女人国（卌二）女優や作家連も図書館で調べ物　智的に目覚めゆく女性群」『報知新聞』1930年11月18日

10　『中之島百年　大阪府立図書館のあゆみ』大阪府立中之島図書館百周年記念事業実行委員会　2004年　p.115-116

11　「悲しむべき文化の後退　これ以上市民を盲にするな　金子しげり女史談」『東京日日新聞』1938年２月23日

12　東京都江東区教育委員会『深川図書館解体記録調査報告書』江東区教育委員会生涯学習部　深川図書館　1994年　p.10

13　『徳島県立図書館50年史』徳島県立図書館　1966年　p.74

14　植松安『教育と図書館』（日本近代図書館学叢書４）慧文社　2017年　p.251

15　日本図書館協会編『図書館小識』日本図書館協会　1915年　p.42-55

16　佐野友三郎「県立図書館の施設並に管内図書館に対する任務」『図書館雑誌』No.19　1914年　p.87

17　伊東平蔵「図書館の建築に就て」『図書館雑誌』No.72　1925年　p.11

18　和田万吉「西洋図書館建築の最近傾向」『図書館雑誌』No.15　1912年　p.44

【ら】

【わ】

【ABC】

【ま】

【や】

【な】

【た】

【さ】

【か】

◉索　引

【あ】

著者略歴

青木 玲子（あおき・れいこ）

1945 年北海道生まれ。東京都婦人情報センター・東京ウィメンズプラザ情報担当係主任専門員（1984～2001 年）、越谷市男女共同参画支援センター所長（2001～2006 年）、国立女性教育会館情報課客員研究員（2009～2020 年）、東海ジェンダー研究所理事（2018 年～現在）。JLA 図書館利用教育委員会委員（1997～2013 年）。

【主要論文】「図書館と SDGs : ジェンダー視点をターゲットとして」『専門図書館』（306）2021 年　ほか。

赤瀬 美穂（あかせ・みほ）

1950 年愛媛県生まれ。京都産業大学図書館勤務（1974～2010 年度）、甲南大学文学部特任教授、司書課程担当（2011～2020 年度）。JLA 図書館利用教育委員会委員（1999～2013 年）。

【主要論文】青木玲子・赤瀬美穂「明治・大正・昭和戦前期の婦人閲覧室」『図書館文化史研究』第 35 号　2018 年　ほか。

<図書館サポートフォーラムシリーズ>

女性と図書館

—ジェンダー視点から見る過去・現在・未来

2024 年 2 月 25 日　第 1 刷発行

著　　者／青木玲子，赤瀬美穂
発 行 者／山下浩
発　　行／日外アソシエーツ株式会社
〒140-0013 東京都品川区南大井 6-16-16 鈴中ビル大森アネックス
電話 (03)3763-5241（代表）FAX(03)3764-0845
URL　https://www.nichigai.co.jp/

電算漢字処理／日外アソシエーツ株式会社
印刷・製本／株式会社平河工業社

ISBN978-4-8169-2996-0　***Printed in Japan,2024***

図書館サポートフォーラムシリーズの刊行にあたって

図書館サポートフォーラムは、図書館に関わる仕事に従事し、今は「卒業」された人達が、現役の図書館人、あるいは、図書館そのものを応援する目的で、1996年に設立されました。このフォーラムを支える精神は、本年で16回を数えた「図書館サポートフォーラム賞」のコンセプトによく現れていると思います。それは、「社会に積極的に働きかける」「国際的視野に立つ」「ユニークさを持つ」の三点です。これらについては、このフォーラムの生みの親であった末吉哲郎初代代表幹事が、いつも口にしておられたことでもあります。現在も、その精神で、日々活動を続けています。

そうしたスピリットのもとに、今回「図書館サポートフォーラムシリーズ」を刊行することになりました。刊行元は、事務局として図書館サポートフォーラムを支え続けてきている日外アソシエーツです。このシリーズのキーワードは、「図書館と社会」です。図書館というものが持っている社会的価値、さらにそれを可能にするさまざまな仕組み、こういったことに目を注ぎながら刊行を続けてまいります。

図書館という地味な存在、しかしこれからの情報社会にあって不可欠の社会的基盤を、真に社会のためのものにするために、このシリーズがお役にたてればありがたいと思います。

2014年10月

シリーズ監修

山﨑　久道（図書館サポートフォーラム代表幹事）
末吉　哲郎（図書館サポートフォーラム幹事）
水谷　長志（図書館サポートフォーラム幹事）